QUESTIONS D'ENTRAÎNEMENT À L'ACACED
Comme à l'examen !
Option Chiens

400 questions inédites d'entraînement à l'examen de l'ACACED
pour la catégorie
Chiens
basées sur le
GUIDE COMPLET DE PRÉPARATION À L'ACACED

Inclut l'accès à des grilles de réponses vierges et aux grilles de solutions en formats tableur et imprimable pour faciliter votre travail.

Élisa Mougey

Écrite et mise en page par

ELISA MOUGEY I

Publiée en août 2022

Code ISBN : 9798848487787

Et comme toujours, un immense merci

à ma très talentueuse maman, à mon papa poule et à mon partenaire
pour leur soutien,

ainsi qu'à tous les lecteurs du GUIDE COMPLET
pour leur confiance.

Elisa Mougey est l'auteure de la série de livres

GUIDE COMPLET
DE PRÉPARATION À L'ACACED

disponible sur Amazon

À PROPOS DU LIVRE ET DE SON AUTEURE

Cher lecteur, chère lectrice,

Je vous remercie d'avoir choisi mon livre de questions d'entraînement à l'ACACED : *QUESTIONS D'ENTRAÎNEMENT À L'ACACED – Comme à l'examen !*

Ce nouvel ouvrage est un recueil de questions permettant de s'entraîner au passage de l'examen de la formation ACACED, construit de manière à respecter du mieux que possible les conditions de passage et de réussite de l'examen officiel.

Toutes les questions de ce livre ont été écrites à partir des informations contenues dans le *GUIDE COMPLET DE PRÉPARATION À L'ACACED*. Ces questions ont été écrites par moi-même et ne sont donc pas les questions officielles de l'examen. Elles sont néanmoins toutes basées sur les informations couvertes durant la formation et sont donc relativement proches de celles de l'examen officiel.

QUESTIONS D'ENTRAÎNEMENT À L'ACACED – Comme à l'examen ! est donc destiné à toute personne souhaitant s'entraîner et réviser davantage avant le passage de la formation et de l'examen officiels.

Comme pour mon livre précédent, le *GUIDE COMPLET DE PRÉPARATION À L'ACACED,* si vous avez des questions, des doutes, des observations ou des suggestions, je vous invite à me contacter à l'adresse suivante :

elisam.mi.moune@gmail.com

Ces échanges me permettent de vous accompagner pendant vos révisions, d'améliorer mes ouvrages et d'apprendre plein de nouvelles choses grâce aux détails de vos projets et de vos expériences.

C'est d'ailleurs grâce à vous que ce nouveau livre existe, car il m'a été suggéré de nombreuses fois par les lecteurs du *GUIDE COMPLET DE PRÉPARATION À L'ACACED*. N'hésitez donc surtout pas à me contacter !

Je vous remercie une nouvelle fois pour votre confiance et vous souhaite bon courage pour vos révisions et pour l'examen.

Élisa

ACCÉDER AUX GRILLES DE RÉPONSES VIERGES ET AUX GRILLES DE SOLUTIONS EN FORMATS TABLEUR ET IMPRIMABLE

Les solutions aux questions ainsi que des grilles de réponses sont disponibles à la fin de ce livre.

Pour éviter de tourner sans arrêt les pages entre les questions, les solutions et les grilles de réponses, ces pages peuvent être détachées, photographiées ou scannées, ce qui n'est pas idéal et peut endommager le livre.

C'est pourquoi je vous propose des versions plus pratiques, en formats tableur (Excel, Google doc) ou PDF, que vous pouvez consulter ou éditer sur ordinateur ou imprimer.

Pour accéder à ces documents :
1. Envoyez un email à l'adresse suivante : **elisam.mi.moune@gmail.com**

2. Précisez dans votre email :

a. **L'adresse email avec laquelle vous souhaitez recevoir les documents** (si elle est différente de l'adresse email depuis laquelle vous m'écrivez),

b. **Une capture d'écran de votre preuve d'achat du guide** (les photos du livre ne constituent pas une preuve d'achat et ne sont donc pas acceptées).

COMPRENDRE LES CONDITIONS DE PASSAGE ET DE RÉUSSITE À L'EXAMEN

1. COMMENT SE DÉROULE L'EXAMEN ?

L'examen a lieu immédiatement après la fin de la formation (dont la durée varie selon le nombre de catégories que vous avez sélectionnées).

Pour référence, la durée minimale de formation est de :
- 14 heures pour une catégorie,
- 18 heures pour deux catégories,
- 22 heures pour trois catégories.

L'examen se passe sur un logiciel informatique et se présente sous la forme d'un questionnaire à choix multiples. Vous avez droit à une minute par question.

Le résultat à l'examen est donné immédiatement après complétion du questionnaire et vous avez droit à un deuxième essai si vous ne le réussissez pas du premier coup.

2. À COMBIEN DE QUESTIONS DOIT-ON RÉPONDRE ET À QUOI RESSEMBLENT-ELLES ?

Le nombre de questions dépend également du nombre de catégories sélectionnées :
- 30 questions pour une catégorie,
- 45 questions pour deux catégories (soit 22 à 23 questions par catégorie),
- 60 questions pour trois catégories (soit 20 questions par catégorie).

Les questions communes à toutes les espèces d'animaux domestiques (questions dites du « Tronc Commun », portant sur les notions générales de loi, de logement, de transport, d'alimentation, de santé et de génétique) sont incluses dans le nombre général de questions par catégorie de manière aléatoire.

Par exemple :
Pour l'ACACED option Chiens, un candidat doit répondre à un total de 30 questions : des questions Chiens et des questions Tronc Commun, dont le ratio est aléatoire.

Il est également important de noter que :

- Les questions sont générées au hasard à partir d'une base de données. Votre questionnaire sera donc entièrement différent de celui des autres candidats.

- Les questions sont des questions à choix multiples.

- Les questions sont en format texte uniquement, vous n'aurez pas à identifier une race de chien selon une image donnée, par exemple.

- Le nombre de réponses attendues pour chaque question est toujours précisé et il n'y a jamais de demi-points : sélectionnez toutes les réponses attendues ou la question n'est pas validée.

- Les questions sont souvent assez ambiguës : prenez donc bien le temps de les lire correctement avant d'y répondre.

- Tant que le questionnaire n'est pas validé, vous avez l'opportunité de revenir sur toutes les questions et de les modifier.

3. QUELLES SONT LES CONDITIONS DE RÉUSSITE À L'EXAMEN ?

La durée et les conditions de réussite à l'examen dépendent encore une fois du nombre de catégories sélectionnées :

- Pour une catégorie : 60 % de réponses correctes sur la totalité des questions posées,

- Pour deux ou trois catégories : 60 % de réponses correctes sur la totalité des questions posées et 45 % de réponses correctes pour chaque catégorie.

Si l'une de ces conditions n'est pas remplie, l'examen est considéré comme non réussi (mais vous avez toujours droit à un deuxième essai si vous ne le réussissez pas du premier coup).

COMPRENDRE LA CONCEPTION DU LIVRE

Ce livre est construit de manière à respecter du mieux possible les conditions de passage et de réussite à l'examen officiel, comme indiqués dans la partie **COMPRENDRE LES CONDITIONS DE PASSAGE ET DE RÉUSSITE À L'EXAMEN** aux pages 6 et 7.

1. LA CONCEPTION DU LIVRE

Ce livre comprend 400 questions : 160 questions Tronc Commun et 240 questions Chiens.

Pour faciliter votre travail, chaque page compte 5 questions dont les deux premières sont toujours des questions Tronc Commun.

Notez bien que ces questions ont été écrites par moi-même et qu'elles ne sont donc pas les questions officielles de l'examen. Elles sont néanmoins toutes basées sur les informations couvertes durant la formation et sont donc relativement proches de celles de l'examen officiel.

2. LES INSTRUCTIONS

SUGGESTION DE MATÉRIEL :

- Des grilles de réponses vierges (digitales ou papier – voir p. 5 pour plus d'infos),
- De quoi écrire (si besoin),
- Un chronomètre.

SI VOUS AVEZ CHOISI UNE CATÉGORIE :

NOMBRE DE QUESTIONS	30 questions
CONDITIONS DE RÉUSSITE	**60 %** de bonnes réponses (Soit **18** bonnes réponses)
TEMPS IMPARTI	1 minute par question (Soit **30 minutes** au total)

SI VOUS AVEZ CHOISI DEUX CATÉGORIES :

NOMBRE DE QUESTIONS	45 questions (**22** questions de la catégorie 1 + **23** questions de la catégorie 2)
CONDITIONS DE RÉUSSITE	**60 %** de bonnes réponses sur la totalité des questions + **45 %** de bonnes réponses pour chaque catégorie (Soit **27** bonnes réponses + **10** bonnes réponses par catégorie)
TEMPS IMPARTI	1 minute par question (Soit **45 minutes** au total)

SI VOUS AVEZ CHOISI TROIS CATÉGORIES :

NOMBRE DE QUESTIONS	60 questions (**20** questions par catégorie)
CONDITIONS DE RÉUSSITE	**60 %** de bonnes réponses sur la totalité des questions + **45 %** de bonnes réponses pour chaque catégorie (Soit **36** bonnes réponses + **9** bonnes réponses par catégorie)
TEMPS IMPARTI	1 minute par question (Soit **60 minutes** au total)

3. LES CONSEILS DE L'AUTEURE

Que ce soit pendant les entraînements ou pendant l'examen officiel, il est très important d'essayer de garder son calme et, surtout, de bien lire les questions, car elles sont souvent assez ambiguës.

Prenez également le temps de bien vérifier que vous avez cocher toutes les réponses attendues pour une question, car il n'y a pas de demi-points !

Tant que le questionnaire n'est pas validé, vous avez l'opportunité de revenir sur toutes les questions et de les modifier. Utilisez donc le temps qu'il vous reste pour bien tout relire.

TABLE DES MATIÈRES

LES QUESTIONS
CHIENS + TRONC COMMUN

1 – Quelles sont les affirmations correctes concernant le registre du suivi sanitaire ? (2)

a.☐ Il n'est obligatoire que pour les établissements hébergeant plus de 9 chiens et / ou chats.

b.☐ Il contient des informations concernant l'état de santé des animaux.

c.☐ Il détaille les procédures d'hygiène des locaux.

d.☐ Il est révisé tous les ans durant la visite sanitaire.

e.☐ Il contient les détails des interventions vétérinaires réalisées sur les animaux.

2 – À partir de combien de jours la vaccination antirabique est-elle valable ? (1)

a.☐ 7 jours.

b.☐ 15 jours.

c.☐ 21 jours.

d.☐ 28 jours.

3 – Quelle est l'affirmation exacte concernant l'âge de la puberté chez le chien ? (1)

a.☐ Les chiens atteignent l'âge de la puberté vers 12 à 15 mois, quelle que soit la race.

b.☐ Les petites races atteignent l'âge de la puberté plus tôt que les grandes races.

c.☐ Les grandes races atteignent l'âge de la puberté plus tôt que les petites races.

4 – Pendant quelle période de développement un chien est-il le plus apte à apprendre et à retenir un nouveau comportement ? (1)

a.☐ Pendant la période néonatale.

b.☐ Pendant la période de transition.

c.☐ Pendant la période de socialisation.

d.☐ Pendant la puberté.

e.☐ À l'âge adulte.

5 – Quelles races canines sont des races de catégorie 1 ? (2)

a.☐ Les chiens de race American Staffordshire Terrier.

b.☐ Les chiens d'apparence de race Rottweiler.

c.☐ Les chiens d'apparence de race Mastiff.

d.☐ Les Boerbulls.

e.☐ Les chiens de race Tosa.

6 – Quels sont les avantages et les inconvénients des croquettes industrielles ? (2)

a.☐ L'origine et la qualité des ingrédients est connue, car elles sont expliquées sur le paquet.

b.☐ Elles demandent souvent une consommation d'eau plus importante.

c.☐ Elles sont faciles à stocker car peuvent être gardées dans leur emballage d'origine.

d.☐ Elles n'offrent pas souvent une nutrition complète.

7 – Qu'est-ce qu'un vice rédhibitoire ? (2)

a.☐ C'est un terme qui est seulement pertinent dans le contexte d'une vente d'animaux de pure race.

b.☐ Il désigne un vice caché et antérieur à l'action de vente.

c.☐ Il est susceptible d'annuler un contrat de vente seulement s'il est diagnostiqué dans des délais bien précis.

d.☐ Il existe une liste de vices rédhibitoires pour toutes les espèces de carnivores domestiques.

e.☐ Les vices rédhibitoires sont toujours des maladies génétiques.

8 – Que peuvent signifier des muqueuses bleues chez le chien ? (1)

a.☐ Une anémie.

b.☐ Un problème de foie.

c.☐ Une infection.

d.☐ Une fièvre.

e.☐ Un manque d'oxygène.

9 – De quel groupe les chiens de berger et de bouvier font-ils partie ? (1)

a.☐ Du groupe 1.

b.☐ Du groupe 2.

c.☐ Du groupe 3.

10 – Quelles sont les dimensions minimales obligatoires pour un enclos ou boxe pour chiens ? (2)

a.☐ 5m^2 ou 10m^2 pour les chiens de plus de 70 cm au garrot.

b.☐ 2m^2 ou 5m^2 pour les chiens de plus de 70 cm au garrot.

c.☐ 10m^2 pour tous les chiens.

d.☐ 1m de hauteur au plafond.

e.☐ 2m de hauteur au plafond.

11 – Quelles sont les affirmations correctes concernant le règlement sanitaire ? (2)

a.☐ Il n'est pas obligatoire pour les établissements à faible effectif.

b.☐ Il est conçu avec le soutien du vétérinaire sanitaire.

c.☐ Il détaille les règles d'hygiène pour le personnel et le public.

12 – Quelles sont les affirmations correctes concernant la reproduction consanguine ? (3)

a.☐ Elle doit être pratiquée très consciencieusement pour éviter le développement de tares.

b.☐ Elle est surtout pratiquée pour conserver des caractères spécifiques au sein d'une race.

c.☐ L'Out-breeding est une méthode de reproduction par mariage consanguin.

d.☐ Le In-breeding est une méthode de reproduction par mariage consanguin qui consiste à marier des individus étroitement apparentés.

e.☐ La reproduction consanguine est une pratique illégale en France.

13 – Selon la classification de Jean-Pierre Mégnin, quel est le morphotype d'un chien possédant un ventre très relevé, une silhouette très fine et une tête très allongée ? (1)

a.☐ Molossoïde.

b.☐ Braccoïde.

c.☐ Lupoïde.

d.☐ Graïoïde.

14 – Vers quel âge un chien de grande race atteint-il généralement la puberté ? (1)

a.☐ Entre 5 et 6 mois.

b.☐ Entre 6 et 8 mois.

c.☐ Entre 12 et 15 mois.

15 – Quelles sont les affirmations correctes concernant l'identification du chien ? (1)

a.☐ En dehors d'une session, d'un voyage ou d'une demande de pédigrée, l'identification du chien n'est pas obligatoire.

b.☐ Les propriétaires de chiens nés en 2020 doivent toujours les faire identifier une fois que l'animal a atteint un certain âge.

c.☐ Un chien de race doit être identifié dans les deux semaines suivant sa naissance pour obtenir son pédigrée.

16 – Quelles sont les affirmations correctes concernant le transport ? (3)

a.☐ Les petits de moins de 8 semaines sans leur mère ne sont pas aptes au transport.

b.☐ Un chat et un chien issus du même foyer peuvent être transportés dans le même conteneur.

c.☐ Un animal convalescent peut être transporté si le voyage ne risque pas d'engendrer des souffrances supplémentaires et avec l'accord d'un vétérinaire.

d.☐ Dans sa caisse de transport, un animal doit pouvoir se tenir debout sans que sa tête ne touche le plafond.

e.☐ Des nouveaux nés de 48 h peuvent être transportés seulement s'ils sont accompagnés de leur mère.

17 – Comment appelle-t-on les besoins nutritionnels spécifiques à un stade physiologique ? (1)

a.☐ Le Besoin Énergétique d'Entretien.

b.☐ Le Besoin Énergétique de Base.

c.☐ Le Besoin Énergétique de Production.

18 – Quels facteurs doivent être pris en compte pour calculer la ration journalière d'un chien ? (3)

a.☐ Sa race.

b.☐ Le volume d'eau consommé quotidiennement.

c.☐ Son état physiologique.

d.☐ Son activité.

e.☐ Ses préférences alimentaires.

19 – Quelle est la température corporelle normale chez le chien ? (1)

a.☐ Entre 35 °C et 37 °C.

b.☐ Entre 38 °C et 39 °C.

c.☐ Entre 39 °C et 40 °C.

20 – Quelles sont les affirmations correctes concernant l'obtention d'un pédigrée pour un chien ? (2)

a.☐ Un examen de confirmation n'est pas obligatoire pour les chiens.

b.☐ Un examen de confirmation doit être effectué lorsque l'animal a fini sa croissance.

c.☐ Un examen de confirmation est obligatoire et doit être effectué à partir de 8 semaines.

d.☐ Il existe 3 types d'inscription au LOF.

e.☐ Il existe 4 types d'inscription au LOF.

21 – Quelles activités sont concernées par les règles sanitaires et de protection animale ? (1)

a.☐ Les élevages, sauf ceux à faible effectif.

b.☐ Les pensions à faible effectif.

c.☐ Les pensions, seulement si elles hébergent plus de 9 chiens de + de 4 mois.

22 – Quelles affirmations reflètent le statut juridique de l'animal ? (3)

a.☐ Les animaux ne sont pas assimilés à des choses.

b.☐ Les animaux sont des êtres doués d'intelligence.

c.☐ La dignité des animaux est reconnue et protégée par la loi.

d.☐ Les animaux sont soumis au régime des biens.

e.☐ Les animaux sont des êtres doués de sensibilité.

23 – Quelles sont les affirmations correctes concernant la période de développement dite « de transition » ? (2)

a.☐ Pendant cette période, les chiots sont sourds et aveugles.

b.☐ Elle débute une fois que le chiot peut se tenir debout de manière stable.

c.☐ Elle débute avec l'ouverture des yeux du chiot.

d.☐ Pendant cette période, les chiots commencent leur sevrage alimentaire et affectif.

e.☐ Le chiot peut réguler sa température et les premières dents de lait apparaissent.

24 – Quelles maladies sont des vices rédhibitoires du chien ? (2)

a.☐ Le FIV.

b.☐ L'atrophie rétinienne.

c.☐ La rage.

d.☐ La parvovirose.

e.☐ L'herpèsvirose.

25 – Quelles sont les affirmations correctes concernant le pro-oestrus ? (2)

a.☐ Il dure de 3 à 17 jours.

b.☐ La femelle accepte le mâle et l'accouplement.

c.☐ C'est la période pendant laquelle l'ovulation a lieu.

d.☐ On observe souvent des pertes vulvaires hémorragiques chez la femelle.

e.☐ C'est la période qui correspond à la gestation.

26 – Quelle est la teneur en saumon d'une pâtée pour chiens avec la mention « riche en saumon » sur son emballage ? (1)

a.☐ Plus de 26 % de saumon.

b.☐ Entre 14 % et 26 % de saumon.

c.☐ Moins de 4 % de saumon.

27 – Quelles sont les affirmations correctes concernant la rage ? (2)

a.☐ La rage est une zoonose.

b.☐ Les espèces domestiques pouvant contracter la rage sont les chiens et les chats.

c.☐ La rage est un danger sanitaire de deuxième catégorie.

d.☐ La rage est une maladie virale.

e.☐ Les chiens et les chats peuvent être vaccinés contre la rage dès 8 semaines.

28 – Quelles sont les affirmations correctes concernant l'espérance de vie du chien ? (2)

a.☐ Les chiens de petite taille vivent souvent plus longtemps que les chiens de grande taille.

b.☐ Les chiens de grande taille vivent souvent plus longtemps que les chiens de petite taille.

c.☐ En moyenne, l'espérance de vie d'un chien est de 22 ans.

d.☐ En moyenne, l'espérance de vie d'un chien est de 18 ans.

e.☐ En moyenne, l'espérance de vie d'un chien est de 12 ans.

29 – À quel âge la dentition définitive du chien est-elle en place ? (1)

a.☐ Vers 16 à 18 mois.

b.☐ Vers 12 à 14 mois.

c.☐ Vers 10 à 12 mois.

d.☐ Vers 8 à 10 mois.

e.☐ Vers 6 à 7 mois.

30 – Que signifie un état d'engraissement de niveau 2 chez le chien ? (1)

a.☐ Le chien est à son poids idéal.

b.☐ Le chien ne possède aucune masse graisseuse et peu ou pas de masse musculaire.

c.☐ Le poids du chien est 20 à 40 % inférieur à son poids idéal.

d.☐ Le poids du chien est 20 à 40 % supérieur à son poids idéal.

e.☐ Les os sont difficilement palpables.

31 – Quel est le document-utilisé pour la gestion et la traçabilité des flux d'animaux au sein d'une pension canine ? (1)

a.☐ Le passeport sanitaire et d'affluence.

b.☐ Le carnet des flux.

c.☐ Le registre des entrées et sorties.

32 – Quelles sont les obligations pour la cession d'un chat de race ? (2)

a.☐ L'animal doit être vacciné contre la rage.

b.☐ L'animal doit être traité contre les parasites.

c.☐ L'animal doit être identifié.

d.☐ L'animal doit être mis sous quarantaine pendant 7 jours dès son arrivée dans son nouveau domicile.

e.☐ L'animal doit être âgé d'au moins 8 semaines.

33 – Qu'est-ce que l'anoestrus chez la chienne ? (2)

a.☐ C'est la période de repos sexuel hors saison sexuelle.

b.☐ C'est la période de repos sexuel pendant la saison sexuelle.

c.☐ C'est la période qui précède l'ovulation, pendant laquelle la femelle refuse l'accouplement.

d.☐ Il dure 1 à 3 semaines en moyenne.

e.☐ Il dure 2 à 9 mois en moyenne.

34 – Vers quels âges un chiot débute et termine-t-il son sevrage alimentaire ? (1)

a.☐ Début vers 2 à 3 semaines, fin vers 4 à 5 semaines.

b.☐ Début vers 3 à 4 semaines, fin vers 7 à 8 semaines.

c.☐ Début vers 6 à 7 semaines, fin vers 12 à 14 semaines.

35 – Quels sont les rôles de la Société Centrale Canine ? (2)

a.☐ Répertorier les origines des races canines.

b.☐ Organiser des expositions internationales.

c.☐ Définir les standards des races françaises.

d.☐ Protéger les rôles du chien dans la société.

e.☐ Définir les standards des races étrangères.

36 – Dans quel cas un certificat d'agrément du véhicule de transport est-il nécessaire ? (1)

a.□ Pour tous les transports commerciaux.

b.□ Pour tous les transports commerciaux de courte durée.

c.□ Pour tous les transports de longue durée.

d.□ Pour tous les transports commerciaux de longue durée.

e.□ Pour tous les transports commerciaux de plus de 65 km.

37 – Quels sont des exemples de modes de sélection génétique ? (3)

a.□ La sélection sur la descendance.

b.□ La sélection sur l'ascendance.

c.□ La sélection exclusive.

d.□ La sélection individuelle.

e.□ La sélection sur la compatibilité.

38 – Quelles sont les affirmations correctes concernant la toux du chenil ? (3)

a.□ C'est une maladie virale ou bactérienne.

b.□ C'est un danger sanitaire.

c.□ Il n'existe pas de vaccin.

d.□ La contamination peu se faire par voie aérienne.

e.□ Elle présente surtout un danger chez les jeunes chiens.

39 – Quelle est l'affirmation correcte concernant la notion de divagation chez le chien ? (1)

a.□ Un chien n'est pas considéré comme en divagation s'il se trouve à plus de 100m de son maître pendant une activité de chasse.

b.□ Un chien n'est pas considéré comme en divagation s'il se trouve à plus de 100m de son lieu d'habitation ou de son maître s'il est identifié par puce électronique.

c.□ Un chien est considéré comme en divagation s'il se trouve à plus de 50m de son maître hors de son propre lieu d'habitation.

40 – Quel comportement un chien qui se tient droit et a les poils hérissés et les babines retroussées affiche-t-il ? (1)

a.□ Un comportement de soumission.

b.□ Un comportement de dominance.

c.□ Un comportement d'agressivité défensive.

41 – À quelle distance un élevage de 15 chiens doit-il se trouver ? (2)

a.☐ À au moins 35m de sources, puits ou forages.

b.☐ À au moins 200m de zones de baignades.

c.☐ À au moins 50m de zones de loisirs.

42 – Quelles sont les affirmations correctes concernant la ration ménagère ? (2)

a.☐ C'est la ration quotidienne d'aliments et de boisson.

b.☐ Elle permet d'offrir des aliments plus appétents et de meilleure qualité.

c.☐ Elle permet souvent un meilleur équilibre alimentaire.

d.☐ C'est la nourriture faite maison à partir d'aliments frais.

e.☐ Elle limite davantage les problèmes buccodentaires que les croquettes industrielles.

43 – Quelles sont les affirmations correctes concernant les normes de logement pour le chien ? (3)

a.☐ Les chiens doivent toujours avoir accès à une aire extérieure.

b.☐ Les chiens doivent toujours avoir accès à une niche située dans l'aire extérieure.

c.☐ Les chiens doivent être logés en groupes sociaux et harmonieux.

d.☐ Les chiens doivent bénéficier d'interactions sociales positives avec des humains au moins 5 fois par semaine.

e.☐ Les chiens doivent toujours disposer de jouets et de couchage appropriés dans leur boxe.

44 – Quelles sont les phases de l'éjaculation chez le chien ? (3)

a.☐ La phase testiculaire.

b.☐ La phase urétrale.

c.☐ La phase prostatique.

d.☐ La phase spermatique.

e.☐ La phase épidermique

45 – Quelles sont les affirmations correctes concernant la période de développement dite « néonatale » ? (3)

a.☐ Le chiot développe les réflexes de pétrissement.

b.☐ Elle se termine lorsque le chiot peut se tenir debout.

c.☐ Le chiot devient capable de réguler sa propre température.

d.☐ Le chiot développe les réflexes labial et périnéal.

e.☐ Le chiot doit rester au nid avec sa mère.

46 – Quelles maladies sont des zoonoses ? (3)

a.☐ La teigne.

b.☐ La parvovirose.

c.☐ La toxoplasmose.

d.☐ La rage.

e.☐ Le typhus.

47 – Qui peut faire appel à la fourrière pour la saisie d'un animal ? (2)

a.☐ Un particulier, s'il a aperçu un animal inconnu sur son propre terrain.

b.☐ Le maire, s'il a aperçu un animal errant sur sa commune.

c.☐ Un particulier, s'il a été mordu par un chien inconnu sur son propre terrain

d.☐ La police, à la suite d'une plainte d'un particulier ayant été mordu par un chien sur la voie publique.

e.☐ Un gendarme, s'il a aperçu un animal errant.

48 – Quelles sont les affirmations correctes concernant la classification des races canines ? (2)

a.☐ Elle est créée et entretenue par la SCC.

b.☐ Les races canines sont divisées en 12 groupes.

c.☐ Les races sont classées selon leur origine.

d.☐ Chaque groupe est souvent subdivisés en plusieurs sections.

e.☐ Les races sont classées selon leur fonction et certains aspects morphologiques.

49 – Quel vaccin est toujours obligatoire chez le chien ? (1)

a.☐ Le vaccin contre la rage.

b.☐ Les vaccins contre tous les vices rédhibitoires viraux dans le cas d'une vente.

c.☐ Les vaccins contre les dangers sanitaires de première et de deuxième catégories.

d.☐ Les vaccins contre les dangers sanitaires de première catégorie.

e.☐ Il n'y a aucun vaccin qui est toujours obligatoire.

50 – Comment peut-on apprendre la propreté à un chiot ? (3)

a.☐ Il faut organiser des sorties régulières.

b.☐ Il faut le punir lorsqu'il a un accident pour qu'il comprenne que ce n'est pas un comportement autorisé.

c.☐ Il est préférable d'utiliser des tapis de propreté au début de l'apprentissage.

d.☐ Il faut toujours féliciter le chien lorsqu'il fait ses besoins correctement.

e.☐ Il faut organiser au moins une sortie par jour au minimum.

51 – Quelles affirmations correspondent à des libertés fondamentales des animaux selon l'OIE ? (4 réponses attendues)

a.☐ Un animal doit vivre en l'absence de douleur, lésions ou maladie.

b.☐ Un animal doit être logé de manière à ne pas souffrir des températures extrêmes et des intempéries.

c.☐ Un animal doit vivre en l'absence de peur ou de détresse.

d.☐ Un animal doit avoir la liberté d'exprimer des comportements normaux propres son espèce.

e.☐ Un animal doit vivre en l'absence de faim, de soif ou de malnutrition.

52 – Que permettent les standards de race ? (3)

a.☐ D'établir les besoins nutritionnels exacts d'une race donnée.

b.☐ De rappeler les défauts inhérents à une race donnée.

c.☐ De juger de la compatibilité de deux individus en vue d'un accouplement.

d.☐ De définir les critères morphologiques d'une race donnée.

e.☐ De définir les critères comportementaux d'une race donnée.

53 – Que risque un maître promenant son chien de catégorie 2 sans muselière et sans laisse sur la voie publique ? (1)

a.☐ Rien, car c'est un chien de catégorie 2.

b.☐ 150 € d'amende.

c.☐ 450 € d'amende.

d.☐ 750 € d'amende.

54 – Quel comportement un chien à la tenue, la tête et les oreilles droites et la queue basse affiche-t-il ? (1)

a.☐ Un comportement d'affection.

b.☐ Un comportement d'appel au jeu.

c.☐ Un comportement d'agressivité offensive.

d.☐ Un comportement de décontraction.

e.☐ Un comportement de soumission.

55 – Qu'est-ce qu'une interruption de gestation par ovario-hystérectomie ? (3)

a.☐ C'est une méthode d'interruption de gestation chirurgicale.

b.☐ Après cette intervention, la chienne ne pourra plus jamais avoir de petits.

c.☐ C'est une ablation des ovaires.

d.☐ C'est une ablation des ovaires et de l'utérus.

e.☐ Elle peut être effectuée de manière chimique.

56 – Quelles sont les affirmations correctes concernant le transport ? (2)

a.☐ Pour un transport commercial, le type d'autorisation de transport requis dépend de la durée et du temps de trajet.

b.☐ Le TAV est obligatoire pour tout transport commercial.

c.☐ Le transporteur doit être titulaire du TAV pour tout transport commercial de plus de 65 km.

d.☐ La présence d'un convoyeur n'est pas toujours requise pour les transports commerciaux.

e.☐ Une autorisation de transport est requise pour les transports non commerciaux de longue durée.

57 – Quelle est la teneur en poulet d'une pâtée pour chats avec la mention « au poulet » sur son emballage ? (1)

a.☐ Moins de 4 % de poulet.

b.☐ Plus de 26 % de poulet.

c.☐ Entre 4 % et 14 % de poulet.

58 – Quels sont les attributs morphologiques d'un chien de type médioligne ? (2)

a.☐ Une silhouette trapue.

b.☐ Un stop peu prononcé et un chanfrein très long.

c.☐ Des proportions équilibrées.

d.☐ Des pattes longues et très fines.

e.☐ Les lignes de chanfrein et de front sont égales et parallèles.

59 – Qu'est-ce que l'acquisition des autocontrôles chez le chiot ? (1)

a.☐ C'est lorsque le chiot apprend à réguler sa température seul.

b.☐ C'est lorsque le chiot apprend à faire ses besoins seul, sans l'aide de sa mère.

c.☐ C'est lorsque le chiot apprend à adapter ses émotions et ses réactions face à différents stimuli.

60 – Quels vaccins peuvent être effectués dès 8 semaines chez le chien ? (2)

a.☐ Le vaccin contre la piroplasmose.

b.☐ Le vaccin contre la rage.

c.☐ Le vaccin contre l'herpèsvirose.

d.☐ Le vaccin contre la toux du chenil.

e.☐ Le vaccin contre la maladie de Carré, l'hépatite de Rubarth, la parvovirose et la leptospirose.

61 – Quelle est l'affirmation correcte concernant les Installations Classées pour la Protection de l'Environnement ? (1)

a.☐ Elles ne prennent en compte que l'effectif canin.

b.☐ Elle ne concerne que les structures hébergeant des carnivores domestiques.

c.☐ Elle concerne toutes les structures hébergeant plus de 9 chiens et / ou chats.

62 – Quels sont des exemples d'agents biologiques pathogènes ? (4)

a.☐ Les virus.

b.☐ Les nématodes.

c.☐ Les bactéries.

d.☐ Les parasites externes.

e.☐ Les champignons.

63 – Dans quels cas un chien doit-il obligatoirement être identifié ? (2)

a.☐ Lors de tout voyage, en France ou à l'international.

b.☐ Lors de toute cession, à titre gratuit ou onéreux.

c.☐ Dès qu'il a atteint l'âge adulte.

d.☐ Si c'est un chien catégorisé.

e.☐ Dans la semaine suivant sa naissance, si c'est un chien de race.

64 – À quelle période de son cycle sexuel une chienne ovule-t-elle ? (1)

a.☐ Entre le 3ème et le 7ème jour de dioestrus.

b.☐ À partir du 4ème jour d'oestrus et seulement s'il y a copulation.

c.☐ L'ovulation est spontanée pendant la première semaine de pro-oestrus.

d.☐ Entre le 5ème et le 11ème jour d'oestrus.

e.☐ Une chienne ovule pendant toute la durée du meteostrus.

65 – Quelles sont les affirmations correctes concernant la boisson chez le chien ? (2)

a.☐ L'eau doit être offerte à volonté chez le chien.

b.☐ Il est toujours préférable d'offrir de l'eau minérale à un chien.

c.☐ Un chien doit consommer davantage d'eau lorsqu'il se nourrit de nourriture faite maison.

d.☐ Pour assurer son hydratation, un chien doit consommer environ 10 ml d'eau par kilo par jour.

e.☐ Pour assurer son hydratation, un chien doit consommer environ 1 ml d'eau par kilocalorie consommée.

66 – Que risque un éleveur vendant un chiot non-LOF et non identifié ? (1)

a.☐ Rien, car l'identification d'un animal pour une cession n'est pas obligatoire.

b.☐ Rien, car l'identification d'un animal pour une cession n'est obligatoire que pour les animaux de race.

c.☐ Une amende de 450 €.

d.☐ Une amende de 750 €.

67 – Quel est l'un des rôles de la fourrière ? (1)

a.☐ Placer les animaux non réclamés à l'adoption.

b.☐ Rechercher les propriétaires des animaux saisis.

c.☐ Stériliser les animaux saisis s'ils ne sont pas réclamés.

68 – Quelles sont les affirmations correctes concernant le coup de chaleur chez le chien ? (2)

a.☐ Le chien doit être immergé dans de l'eau froide dès que possible pour réduire la température.

b.☐ Pendant un coup de chaleur, les fréquences cardiaque et respiratoire du chien sont souvent élevées.

c.☐ Un chien peut souffrir d'un coup de chaleur lorsque sa température corporelle est au-dessus de 38°C.

d.☐ Une visite chez le vétérinaire n'est pas nécessaire si la température corporelle du chien redescend.

e.☐ Les muqueuses d'un chien souffrant d'un coup de chaleur peuvent être rouge vif.

69 – Par quel titre d'inscription au LOF un chien dont aucun des parents ne possède un pédigrée est-il concerné ? (1)

a.☐ Inscription à titre propre.

b.☐ Inscription au titre des origines.

c.☐ Inscription à titre initial.

d.☐ Inscription au livre d'attente.

e.☐ Inscription au titre de la descendance.

70 – Quelle est l'affirmation correcte concernant l'espérance de vie du chien ? (1)

a.☐ Elle dépend seulement du niveau d'activité et de l'hygiène de vie de l'animal.

b.☐ Les petites races ont souvent une espérance de vie plus longue que les grandes races.

c.☐ Les grandes races ont souvent une espérance de vie plus longue que les petites races.

71 – Quelle est l'affirmation correcte concernant les Installations Classées pour la Protection de l'Environnement ? (1)

a.☐ Un établissement de 10 à 50 chiens est soumis à déclaration.

b.☐ Un établissement de 10 à 50 chiens est soumis à autorisation.

c.☐ Un établissement de plus de 50 chiens est soumis à enregistrement.

72 – Comment un animal reproducteur est-il sélectionné lors d'une sélection sur les collatéraux ? (1)

a.☐ Selon les qualités de ses parents proches.

b.☐ Selon ses propres qualités.

c.☐ Selon les qualités de ses portées précédentes.

d.☐ Selon les qualités de ses frères et sœurs.

e.☐ Selon les qualités de ses parents sur 5 générations précédentes.

73 – Quelles sont les affirmations correctes concernant les troubles comportementaux chez le chien adulte ? (4)

a.☐ Ils peuvent être causés par un traumatisme durant sa période juvénile.

b.☐ Ils peuvent être causés par un problème de santé.

c.☐ Ils s'atténuent toujours d'eux-mêmes si le maître s'occupe bien du chien.

d.☐ Ils peuvent nécessiter l'aide d'un vétérinaire ou d'un comportementaliste canin.

e.☐ Certains symptômes sont l'automutilation ou de la malpropreté.

74 – Quelles sont les affirmations correctes concernant la reproduction chez le chien ? (3)

a.☐ La chienne doit obligatoirement être vaccinée et vermifugée avant toute saillie.

b.☐ Il est préférable de mettre un couple en contact plusieurs jours avant la date de saillie.

c.☐ Le mâle adopte la position de lordose pendant l'accouplement.

d.☐ Il ne faut pas séparer un couple pendant la période d'accolement.

e.☐ Une chienne ne peut pas être fécondée en dehors de la période d'ovulation.

75 – Quel est le délai de suspicion pour l'hépatite de Rubarth ? (1)

a.☐ Il n'y en a pas, car ce n'est pas un vice rédhibitoire.

b.☐ Il n'y en a pas, car c'est une maladie génétique avec un délai de suspicion non fixé.

c.☐ 6 jours.

d.☐ 10 jours.

e.☐ 15 jours.

76 – Quelles sont les affirmations correctes concernant le transport d'animaux à l'international ? (3)

a.☐ Un certificat de bonne santé vétérinaire est toujours requis 48 heures avant le départ.

b.☐ Pour les transports par avion, seule l'identification par puce électronique est acceptée.

c.☐ La vaccination antirabique est considérée valable 1 mois après l'injection.

d.☐ Le passeport est la seule preuve valide qu'un animal est vacciné contre la rage.

e.☐ Les chiens transportés doivent toujours être identifiés.

77 – Qu'atteste le pédigrée ? (2)

a.☐ La généalogie d'un animal.

b.☐ L'appartenance d'un animal à une race donnée.

c.☐ Pour les animaux de travail et de sport, la fonction de l'animal.

78 – Quelles sont les affirmations correctes concernant la courette extérieure liée au boxe ou enclos d'un chien ? (3)

a.☐ La surface de la courette doit, au minimum, être la même que celle de la boxe.

b.☐ La courette doit avoir une cloison d'au moins 2m de haut.

c.☐ La courette doit toujours offrir une zone d'abri.

d.☐ La présence d'une courette n'est pas toujours obligatoire.

e.☐ La courette doit toujours offrir une zone d'ombre.

79 – Quelles sont les affirmations correctes concernant la teigne ? (2)

a.☐ Elle est causée par un parasite.

b.☐ Elle provoque des démangeaisons intenses.

c.☐ C'est une zoonose.

d.☐ C'est une maladie bactérienne.

e.☐ Elle provoque des lésions cutanées circulaires.

80 – Que risque un propriétaire de chien d'apparence de race Rottweiler ? (2)

a.☐ Une amende, si le chien n'est pas stérilisé.

b.☐ Une amende, si le chien n'est pas déclaré en mairie.

c.☐ Une amende, si le chien accède à un lieu public avec ou sans laisse ou muselière.

d.☐ Une amende et une peine de prison, si le propriétaire est mineur.

81 – Quelles sont les affirmations correctes concernant les surfaces de boxes de pension ? (2)

a.☐ Le bois est préférable pour les murs et le sol.

b.☐ Le boxe doit offrir beaucoup de recoins et d'angles pour permettre à l'animal de se cacher s'il en a besoin.

c.☐ Le sol peut être recouvert de sable ou de terre.

d.☐ Les murs doivent être lisses.

e.☐ Le carrelage est une bonne idée de revêtement pour le sol.

82 – Comment assurer une bonne digestibilité des aliments ? (3)

a.☐ Proposer une alimentation très variée pour offrir des nutriments différents.

b.☐ Proposer un environnement calme pour manger.

c.☐ S'assurer que l'animal est bien hydraté.

d.☐ Proposer des aliments de taille adaptée à l'animal.

e.☐ Proposer une activité physique intense après chaque repas.

83 – De quel groupe de races canines les chiens dont la fonction étaient à l'origine la garde, la protection et la défense ? (2)

a.☐ Du groupe 2.

b.☐ Du groupe 5.

c.☐ Du groupe 9.

d.☐ Du groupe « Chiens de type Pinscher et Schnauzer – Molossoïdes – Chiens de montagne et de Bouvier Suisses ».

e.☐ Du groupe « Chiens de type Spitz et de type primitif ».

84 – Quand un chien est-il considéré comme errant ou en divagation ? (2)

a.☐ S'il se trouve à plus de 200 mètres de son maître.

b.☐ S'il se trouve à plus de 200 mètres de son lieu d'habitation.

c.☐ S'il se trouve à plus de 100 mètres de son maître.

d.☐ S'il se trouve à plus de 100 mètres de son lieu d'habitation.

e.☐ S'il se trouve à plus de 50 mètres de son lieu d'habitation.

85 – Par quels moyens une gestation est-elle généralement diagnostiquée chez une chienne ? (3)

a.☐ Par palpation.

b.☐ Par un test urinaire.

c.☐ Par échographie.

d.☐ Par radiographie.

e.☐ Par un test sanguin.

86 – Qu'est-ce que le délai de rédhibition ? (2)

a.☐ C'est le temps pendant lequel un vice infectieux donné doit être détecté pour pouvoir contester le contrat de vente.

b.☐ C'est le temps pendant lequel l'acheteur peut porter plainte contre le vendeur.

c.☐ Il est de 30 jours.

d.☐ Sa durée dépend du vice rédhibitoire.

87 – Selon l'OIE, quelles affirmations représentent des libertés fondamentales des animaux ? (3)

a.☐ Vivre en l'absence de faim, de soif ou de malnutrition.

b.☐ Vivre au sein d'un groupe social en accord avec leur espèce.

c.☐ Vivre en l'absence de peur ou de détresse.

d.☐ Avoir la liberté d'exercer des comportements normaux propres à leur espèce.

e.☐ Vivre de manière à être protégé des climats extrêmes.

88 – Quels sont les rôles de la Fédération Cynologique Internationale ? (2)

a.☐ Définir les standards des races étrangères.

b.☐ Chapeauter des expositions dans les pays membres.

c.☐ Améliorer les races de chiens françaises.

d.☐ Promouvoir les rôles du chien dans la société.

e.☐ Entretenir un livre généalogique du chien.

89 – Quelles sont les méthodes à préférer pour l'éducation du chien ? (3)

a.☐ L'apprentissage par renforcement négatif pour les comportements indésirables.

b.☐ Commencer l'apprentissage dès la puberté.

c.☐ Toujours récompenser les bonnes actions.

d.☐ Faire preuve de cohérence dans ses réactions et ses demandes.

e.☐ L'apprentissage par répétition.

90 – Quelles sont les affirmations correctes concernant la vaccination antirabique chez le chien ? (2)

a.☐ Elle n'est pas obligatoire pour les voyages à l'étranger pour certaines races.

b.☐ Elle est obligatoire pour tous les chiens catégorisés.

c.☐ Elle peut être effectuée dès l'âge de 8 semaines.

d.☐ Si un chien catégorisé n'est pas vacciné contre la rage, son maître risque une amende de 450 €.

e.☐ Si un chien catégorisé n'est pas vacciné contre la rage, son maître risque 3 mois de prison.

91 – Où la dépouille d'un chien de 50 kg peut-elle être incinérée ? (1)

a.☐ Chez le vétérinaire.

b.☐ Chez un service d'équarrissage.

c.☐ Chez un crématorium animalier.

92 – Quelles sont les affirmations correctes concernant les dangers sanitaires de première catégorie ? (2)

a.☐ Leurs mesures de prévention relèvent de l'initiative privée.

b.☐ Ils sont susceptibles de porter atteinte à la santé publique et aux animaux.

c.☐ Ils comprennent la maladie d'Aujeszki.

d.☐ Ils comprennent la chlamydiose aviaire.

e.☐ Des mesures de surveillance peuvent être nécessaires.

93 – À quelle étape du cycle sexuel de la chienne l'acceptation du mâle, une augmentation du taux de progestérone et un éclaircissement des pertes vulvaires correspondent-ils ? (1)

a.☐ Au pro-oestrus.

b.☐ À l'oestrus.

c.☐ Au meteoestrus.

d.☐ À l'anoestrus.

e.☐ À l'interoestrus.

94 – Quels sont les signes d'un comportement d'agressivité défensive chez le chien ? (2)

a.☐ L'arrière train est baissé.

b.☐ Les oreilles sont rabattues vers l'avant.

c.☐ Le poil est hérissé.

d.☐ Les babines sont retroussées

e.☐ La queue est rabattue entre les pattes arrière.

95 – Quelle est l'affirmation correcte concernant l'éducation du chien ? (1)

a.☐ On peut commencer le dressage pendant la période de socialisation.

b.☐ Il est impossible de dresser un chien une fois qu'il a atteint l'âge adulte.

c.☐ Il faut éviter de commencer à dresser un chiot avant l'âge de 10 semaines.

96 – Quelles sont les obligations pour tout transport commercial de longue durée ? (3)

a.☐ La présence d'un convoyeur titulaire du TAV.

b.☐ Une autorisation de transport de type I.

c.☐ Une autorisation de transport de type II.

d.☐ Un registre du transpondeur ou carnet de route.

e.☐ Le passeport de chaque carnivore domestique transporté.

97 – Un chat errant et identifié est recueilli par un refuge. De combien de temps le refuge dispose-t-il pour retrouver ses propriétaires ? (1)

a.☐ 5 jours ouvrés.

b.☐ 8 jours ouvrés.

c.☐ 10 jours ouvrés.

98 – Quelles sont les affirmations correctes concernant le retournement d'estomac chez le chien ? (2)

a.☐ C'est une urgence vétérinaire.

b.☐ Il est plus fréquent chez les petites races.

c.☐ Il peut causer des vomissements.

d.☐ Il peut causer des diarrhées.

e.☐ Il peut causer un gonflement de l'abdomen.

99 – Quels évènements font généralement partie de la période de développement dite « de socialisation » ? (2)

a.☐ La disparition du réflexe de fouissement.

b.☐ Le début de l'élimination autonome.

c.☐ L'acquisition des autocontrôles.

d.☐ Les premières sécrétions d'hormones sexuelles.

e.☐ Les premiers signes sociaux et de communication.

100 – Quelles sont les affirmations correctes concernant la dentition du chien ? (2)

a.☐ Les incisives et les canines déciduales apparaissent pendant le premier mois.

b.☐ Les prémolaires déciduales apparaissent toutes vers 4 mois.

c.☐ Les molaires déciduales apparaissent vers 2 mois.

d.☐ Les molaires définitives apparaissent entre 4 et 7 mois.

e.☐ Les prémolaires définitives apparaissent souvent avant les canines définitives.

101 – À partir de quel âge un animal est-il pris en compte dans les effectifs d'un élevage ? (1)

a.□ 1 an, pour les chats et les chiens.

b.□ 10 mois pour les chats, 4 mois pour les chiens.

c.□ 1 an pour les chats, 10 mois pour les chiens.

d.□ 8 semaines pour les chats et les chiens.

e.□ 8 semaines pour les chats, 4 mois pour les chiens.

102 – Qu'est-ce que l'homozygotie en génétique ? (2)

a.□ Un animal est homozygote pour un caractère spécifique si deux allèles de deux mêmes gènes sont identiques.

b.□ Un animal est homozygote pour un caractère spécifique si deux allèles de deux mêmes gènes sont différents.

c.□ Elle assure une descendance d'individus à caractères fixés.

d.□ Elle assure une descendance d'individus à caractères variés.

103 – Quels aliments sont à proscrire pour les chiens ? (3)

a.□ L'avocat.

b.□ La pomme de terre cuite.

c.□ Les gros os crus.

d.□ Les grains de raisin.

e.□ Le chocolat.

104 – Quelles sont les affirmations correctes concernant la stérilisation chez le chien ? (2)

a.□ La stérilisation chirurgicale est toujours permanente.

b.□ La stérilisation chimique comporte moins de risques de santé que la stérilisation chirurgicale.

c.□ La castration chimique est possible pour les mâles.

d.□ La castration permet d'éliminer les comportements sexuels gênant chez le mâle, quel que soit son âge.

e.□ La stérilisation chirurgicale peut augmenter le risque de tumeurs mammaires, en particulier si elle est effectuée avant l'âge de la puberté.

105 – Quels sont les rôles des clubs de races canines en France ? (2)

a.□ Protéger les rôles du chien dans la société.

b.□ Former des éleveurs.

c.□ Délivrer des pédigrées.

d.□ Appliquer les standards de race.

e.□ Conserver et améliorer les races.

106 – Quelles sont les affirmations correctes concernant le convoyeur ? (3)

a.☐ Le convoyeur peut également être conducteur du véhicule de transport.

b.☐ Sa présence n'est pas requise pendant un transport non commercial de longue durée.

c.☐ Si un animal est transporté en cage de transport sans jamais être manipulé sur un transport commercial de longue durée, la présence d'un convoyeur n'est pas obligatoire.

d.☐ Le convoyeur désigne la personne effectuant le transport d'un animal, pour son compte ou le compte d'un tiers.

e.☐ Sa présence n'est pas requise pour tout transport de moins de 65 km.

107 – Quelles sont les affirmations correctes concernant les glucides ? (2)

a.☐ Ils sont peu digestes pour les animaux strictement carnivores.

b.☐ Ce sont des oligo-éléments.

c.☐ Ils représentent une bonne source d'énergie pour les cellules.

d.☐ On les retrouve surtout dans les légumes verts.

e.☐ Ils participent à la santé de la thyroïde.

108 – Quelles sont les affirmations correctes concernant la température dans des locaux hébergeant des chiens ? (1)

a.☐ La température idéale pour les chiens est de 20°C environ, quel que soit leur stade physiologique.

b.☐ La température est contrôlée et enregistrée de préférence avec un thermomètre hygromètre.

c.☐ La température influe sur la prise de nourriture chez le chien.

109 – Quelles sont les affirmations correctes concernant la parvovirose ? (2)

a.☐ C'est un vice rédhibitoire.

b.☐ C'est une maladie bactérienne.

c.☐ Il n'existe pas de vaccin.

d.☐ C'est une maladie très grave et souvent mortelle.

e.☐ Elle est souvent causée par des morsures de tiques

110 – Quels sont des exemples de socialisation inter-spécifique ? (2)

a.☐ Un chiot qui joue avec sa mère.

b.☐ Un chiot qui joue avec un chaton.

c.☐ Un chiot qui joue avec ses frères et sœurs.

d.☐ Un chiot qui joue avec un autre chien qui ne fait pas partie de son environnement.

e.☐ Un chiot qui joue avec son maître.

111 – Quand le règlement sanitaire doit-il être révisé ? (1)

a.☐ 1 fois par an, seulement pour les établissements hébergeant plus de 9 chiens et / ou chats.

b.☐ 1 fois par an pour les établissements à faible effectif et au moins 2 fois par an pour les autres établissements.

c.☐ Au moins 1 fois par an pour tous les établissements.

112 – Selon le code pénal, que risque un individu ayant soumis un animal à des sévices graves ou de cruauté ? (3)

a.☐ 45 000€ d'amende.

b.☐ Interdiction de détention d'un animal.

c.☐ 3 ans de prison.

d.☐ 5 ans de prison.

e.☐ 10 000€ d'amende.

113 – Quelles sont les affirmations correctes concernant un chien d'apparence de race Tosa ? (2)

a.☐ C'est un chien de catégorie 1.

b.☐ C'est un chien de catégorie 2.

c.☐ Sa stérilisation n'est pas obligatoire.

d.☐ Il ne doit jamais monter dans les transports en commun.

e.☐ Il peut stationner dans des parties communes d'immeubles collectifs avec le port de la laisse et de la muselière.

114 – Quels sont les attributs morphologiques d'un chien au profil convexiligne ? (1)

a.☐ Un stop très accentué, un museau retroussé et une face écrasée.

b.☐ Un stop très marqué et un front et chanfrein qui sont parallèles.

c.☐ Un stop effacé, un chanfrein abaissé et un front bombé.

115 – Quelles sont les affirmations correctes concernant les manières de diagnostiquer une gestation chez une chienne ? (2)

a.☐ Une gestation peut être diagnostiquée par radiographie dès la deuxième semaine de grossesse.

b.☐ Un diagnostic par palpations abdominales doit toujours être effectuée par un vétérinaire.

c.☐ Des changements comportementaux et corporels peuvent être des symptômes d'une gestation.

116 – Quelles sont les affirmations correctes concernant le transport ? (3)

a.□ Le terme « voyage » désigne les moments où un animal est en transit à bord du moyen de transport.

b.□ Un passeport animalier est toujours obligatoire pour le passage d'une frontière pour les chats.

c.□ Un passeport animalier est toujours obligatoire pour le passage d'une frontière pour les furets.

d.□ Une autorisation de transport est toujours nécessaire pour les voyages commerciaux.

e.□ La présence d'un convoyeur à bord du moyen de transport n'est pas toujours obligatoire pour les voyages commerciaux.

117 – Pour une vente, dans quels cas un vendeur doit-il avoir un numéro SIREN ? (2)

a.□ Dès une première portée en pure race.

b.□ Dès une deuxième portée en pure race.

c.□ Dès une première portée non racée.

d.□ Dès une deuxième portée non racée.

118 – Quels sont des exemples de groupes de races canines ? (2)

a.□ Chiens d'endurance et de sport.

b.□ Teckels.

c.□ Chiens de type Spitz et de type primitif.

d.□ Braques.

e.□ Chiens de garde - Chiens de protection - Chiens de défense.

119 – Quelles sont les affirmations correctes concernant une inscription au LOF au titre de la descendance ? (2)

a.□ Elle ne concerne que les chiens dont les parents sont LOF confirmés.

b.□ Elle concerne les chiens inscrits à un livre généalogique étranger.

c.□ Pour une inscription au titre de la descendance, un éleveur peut choisir entre faire une déclaration de saillie ou une déclaration de naissance.

d.□ Un numéro d'identification est obligatoire pour inscrire un chien au titre de la descendance.

120 – Quelle zoonose bactérienne contractée après une morsure de tique provoque des troubles nerveux en son stade avancé ? (1)

a.□ La parvovirose.

b.□ La maladie de Lyme.

c.□ La dirofilariose.

121 – Quelles sont les affirmations correctes concernant le zinc ? (2)

a.☐ Il fait partie des sels minéraux.

b.☐ Il fait partie des oligo-éléments.

c.☐ Il aide à l'absorption du calcium.

d.☐ On le retrouve surtout dans les huiles végétales et les fruits secs.

e.☐ Il participe au renouvellement de la peau.

122 – Qui est autorisé à pratiquer une stérilisation chirurgicale ? (1)

a.☐ Un vétérinaire et un propriétaire d'élevage, si la chatte provient de son propre élevage.

b.☐ Un vétérinaire et un propriétaire d'élevage, si la chatte provient de son propre élevage et sous l'accord du vétérinaire attitré de l'élevage.

c.☐ Seulement un vétérinaire.

123 – Par quelles méthodes peut-on déterminer le jour de l'ovulation chez la chienne ? (3)

a.☐ En effectuant des tests d'urine.

b.☐ En observant le comportement de la chienne.

c.☐ En effectuant des prises de sang.

d.☐ En observant sa prise de nourriture et en surveillant sa température.

e.☐ En établissant un calendrier des chaleurs.

124 – Quelle est l'affirmation correcte concernant un chien en divagation ayant été saisi par la fourrière ? (1)

a.☐ Un chien en divagation ayant été saisi par les services de la fourrière ne pourra jamais être proposé à l'adoption dans un refuge s'il est identifié.

b.☐ Un chien identifié et en divagation ayant été saisi par les services de la fourrière pourra être proposé à l'adoption dans un refuge si ses maîtres ne se manifestent pas sous 5 jours ouvrés.

c. ☐ Un chien non identifié et en divagation ayant été saisi par les services de la fourrière pourra être proposé à l'adoption dans un refuge si ses maîtres ne se manifestent pas sous 8 jours ouvrés.

125 – Que risque un individu cédant un chien non identifié à titre gratuit ? (1)

a.☐ Rien, si le chien n'est pas catégorisé.

b.☐ Rien, si le vendeur peut prouver qu'il s'agit bien d'un don à titre gratuit.

c.☐ 750 € d'amende.

d.☐ 1500 € d'amende.

e.☐ Rien, si la situation est régularisée sous 1 mois.

126 – Qu'est-ce qu'une zoonose ? (1)

a.☐ Une maladie transmissible entre l'homme et l'animal.

b.☐ Une maladie transmissible entre des animaux de races différentes.

c.☐ Une maladie transmissible entre des animaux de la même espèce.

127 – Quelles sont les affirmations correctes concernant les standards de race ? (4)

a.☐ Pour les chats, ils sont définis par le LOOF.

b.☐ Ils définissent les critères morphologiques d'une race.

c.☐ Ils définissent les critères tempéramentaux d'une race.

d.☐ Ils doivent être respectés pour l'obtention d'un pédigrée.

e.☐ Pour les chiens, ils sont définis par les clubs de race.

128 – Quelles sont les affirmations correctes concernant la vaccination du chien ? (2)

a.☐ Le vaccin antirabique est toujours obligatoire, les autres ne le sont pas.

b.☐ Le vaccin contre la rage et le vaccin contre la piroplasmose sont obligatoires pour les chiens catégorisés.

c.☐ Le vaccin contre la rage est obligatoire pour les voyages à l'étranger.

d.☐ Si un chien non catégorisé n'est pas amené à voyager à l'étranger, aucun vaccin n'est obligatoire.

e.☐ Le vaccin contre l'herpès virose est obligatoire pour les femelles gestantes.

129 – Quelles sont les affirmations correctes concernant l'atrophie rétinienne ? (2)

a.☐ C'est un vice rédhibitoire qui ne concerne que les animaux de plus de 6 mois.

b.☐ C'est une maladie virale.

c.☐ C'est une maladie bactérienne.

d.☐ Il n'existe pas de vaccin.

e.☐ C'est un vice rédhibitoire dont le délai de suspicion n'est pas fixé.

130 – Quelle est l'organisation sociale du chien ? (3)

a.☐ Le chien est un animal solitaire.

b.☐ Le chien est un animal dont l'organisation sociale suit une logique de hiérarchie.

c.☐ Il est rare que deux chiens mâles s'entendent bien.

d.☐ Dans un groupe de chiens, il y a souvent des animaux plus dominants que d'autres.

e.☐ Le chien est un animal sociable.

131 – Quelles sont les règles sanitaires minimales à respecter pour tous les établissements d'élevage, quel que soit l'effectif ? (3)

a.☐ Disposer d'un dispositif de lutte contre les incendies.

b.☐ Disposer d'une maternité.

c.☐ Se soumettre à des visites sanitaires.

d.☐ Disposer d'un conteneur étanche à température négative pour le stockage des cadavres.

e.☐ Attribuer un vétérinaire sanitaire.

132 – Quelles sont les affirmations correctes concernant le transport ? (2)

a.☐ Les carnivores domestiques doivent être vaccinés contre la rage pour tout transport à l'international.

b.☐ Un transport de courte durée désigne tout voyage de moins de 65 km.

c.☐ Un chien transporté à titre commercial doit être abreuvé au minimum toutes les 12 heures.

d.☐ Un furet transporté à titre commercial doit être nourri au minimum toutes les 24 heures.

e.☐ La présence du transporteur est requise sur tout transport commercial de longue durée.

133 – Un chien a accès à une niche dans sa courette extérieure. Quelle doit être la taille minimum de la surface devant la niche ? (1)

a.☐ Le double de la surface de la niche.

b.☐ 2 m^2.

c.☐ 3 m^2.

134 – Quel terme désigne le début des chaleurs lors du cycle sexuel de la chienne ? (1)

a.☐ Le pro-oestrus.

b.☐ L'oestrus.

c.☐ L'anoestrus.

135 – À quel âge la période de socialisation se déroule-t-elle chez le chiot ? (1)

a.☐ De la naissance à la 4ème semaine.

b.☐ De la 2ème à la 4ème semaine.

c.☐ De la 3ème à la 8ème semaine.

d.☐ De la 3ème à la 12ème semaine.

e.☐ De la 8ème semaine à la puberté.

136 – Comment peut-on définir une race ? (1)

a.☐ Un ensemble d'individus ayant la même origine.

b.☐ Un ensemble d'individus partageant les mêmes caractères morphologiques.

c.☐ Un ensemble d'individus pouvant à l'origine se reproduire entre eux.

137 – Dans quels cas l'identification des carnivores domestiques est-elle obligatoire ? (4)

a.☐ Une cession à titre gratuit.

b.☐ Une cession à titre onéreux.

c.☐ Un transport à l'étranger.

d.☐ Une demande de pédigrée.

e.☐ L'obtention d'un carnet de santé chez le vétérinaire.

138 – À quelles étapes du développement du chien l'ouverture des yeux correspondent-elles ? (2)

a.☐ Au début de la période de transition.

b.☐ À la fin de la période néonatale.

c.☐ Au début de la période de sociabilisation.

d.☐ À la fin de la période de transition.

e.☐ À la fin de la période de sociabilisation.

139 – Quelles sont les affirmations correctes concernant la vermifugation et le déparasitage chez le chien ? (2)

a.☐ Un chiot de moins de 2 mois doit être traité toutes les semaines.

b.☐ Une femelle reproductrice doit être traitée avant la saillie et avant et après la mise bas.

c.☐ Une chienne en gestation ne doit jamais être traitée.

d.☐ Un chiot de 2 à 6 mois doit être traité tous les mois.

e.☐ Un chiot de plus de 12 mois doit être traité tous les 6 mois.

140 – Quelles lois sont les mêmes pour les chiens catégorisés, quelle que soit la catégorie ? (3)

a.☐ Les chiens catégorisés ne peuvent pas être importés en France.

b.☐ Les chiens catégorisés ne peuvent pas être détenu par des personnes possédant un casier judiciaire.

c.☐ Les chiens catégorisés doivent toujours être tenus en laisse et porter une muselière sur la voie publique.

d.☐ Les chiens catégorisés doivent être stérilisés.

e.☐ Les chiens catégorisés doivent être vaccinés contre la rage.

141 – Quelles structures ne sont soumises qu'au Règlement Sanitaire Départemental et aux règles du bon voisinage ? (1)

a.☐ Les ICPE.

b.☐ Les structures hébergeant moins de 10 chiens et / ou chats.

c.☐ Seulement les structures hébergeant des chats.

142 – Quelles sont les affirmations correctes concernant les véhicules de transport ? (2)

a.☐ Les surfaces en contact avec les animaux doivent être nettoyées et désinfectées tous les jours.

b.☐ Les transporteurs doivent toujours utiliser leur propre matériel.

c.☐ Les véhicules doivent être équipés de manière à ce que le conducteur puisse toujours garder un œil sur les animaux transportés.

d.☐ Pour un transport en voiture, les plus grandes espèces peuvent voyager à l'avant de la voiture si elles sont attachées avec un dispositif adapté.

e.☐ Les véhicules ne doivent pas avoir plus de deux niveaux de chargement.

143 – Quelles sont les affirmations correctes concernant le régime alimentaire du chien ? (2)

a.☐ Le chien est une espèce strictement carnivore.

b.☐ Le chien est une espèce carnivore à tendance omnivore.

c.☐ Un tiers de son alimentation doit être composé de protéines.

d.☐ Un tiers de son alimentation doit être composé de glucides.

e.☐ Le chien est une espèce omnivore.

144 – Comment peut-on apprendre la marche en laisse à un chiot ? (1)

a.☐ Commencer de préférence par un trajet régulier avant de le modifier.

b.☐ Toujours garder la même vitesse de marche les premières semaines d'apprentissage.

c.☐ Préférer les colliers qui sont plus adaptés que les harnais pour les chiots.

145 – Quelles sont les affirmations correctes concernant la reproduction chez le chien ? (1)

a.☐ L'accouplement chez le chien est très rapide et ne dure que quelques secondes.

b.☐ Pendant la saillie, l'éjaculation a lieu en 4 phases distinctes.

c.☐ Du sperme peut être congelé et conservé en vue d'une fécondation par insémination artificielle.

146 – Quels sont les éléments devant obligatoirement figurer sur un paquet de croquettes industrielles ? (3)

a.☐ L'origine des ingrédients.

b.☐ Le mode d'emploi ou d'utilisation.

c.☐ La traçabilité du paquet.

d.☐ Les valeurs nutritionnelles en kilocalories.

e.☐ La composition des aliments.

147 – À partir de quel âge un chien peut-il être cédé ? (2)

a.☐ Si la cession est à titre gratuit, il n'y a pas d'âge minimal pour une cession.

b.☐ L'âge minimal de cession dépend de la race du chien

c.☐ Un chien n'étant pas de race peut être cédé à partir de 8 semaines.

d.☐ Un chien de race ne peut être cédé qu'à partir de 12 semaines.

e.☐ Pour une cession à titre onéreux, un chien de race ne peut pas être cédé avant 8 semaines.

148 – Quelles sont les deux subdivisions du groupe de races canines « Chiens d'arrêt » ? (2)

a.☐ Chiens d'arrêt et de rapport.

b.☐ Chiens d'arrêt européens.

c.☐ Chiens d'arrêt et de recherche au sang.

d.☐ Chiens d'arrêt continentaux.

e.☐ Chiens d'arrêt britanniques et irlandais.

149 – Quel est l'organisme responsable de la création et de l'entretien des origines et standards des races canines ? (1)

a.☐ Le Livre Officiel des Origines Français.

b.☐ Le Livre des Origines Français.

c.☐ Le Livre Officiel des Origines et des Standards.

d.☐ Le Livre des Origines et des Standards Français.

e.☐ Le livre des Standards Français.

150 – Quelle est l'affirmation exacte concernant l'herpèsvirose canin ? (1)

a.☐ C'est une zoonose.

b.☐ Il se transmet par morsure de tique.

c.☐ Il existe un vaccin, mais uniquement pour les chiennes gestantes.

d.☐ Il provoque des éternuements et de la toux.

e.☐ Il est souvent mortel pour tous les chiens, quel que soit leur âge.

151 – Quelles sont les affirmations correctes concernant la visite sanitaire ? (2)

a.☐ Le règlement sanitaire est révisé pendant les visites sanitaires.

b.☐ Elle n'est obligatoire que pour les établissements hébergeant plus de 9 chiens et / ou chats.

c. ☐ Elle est obligatoire pour tous les établissements, quel que soit l'effectif.

d.☐ Elle s'effectue 1 fois par an pour tous les établissements.

e.☐ Elle s'effectue au moins 1 fois par an pour les établissements hébergeant plus de 9 chiens et / ou chats.

152 – Quelle est la personne détentrice du TAV et chargée du bien-être des animaux à bord du véhicule de transport ? (1)

a.☐ Le convoyeur.

b.☐ Le transporteur.

c.☐ Le conducteur.

153 – Quelles sont les affirmations correctes concernant la photopériode ? (1)

a.☐ La photopériode influe sur le système hormonal et sur la reproduction chez le chien.

b.☐ La photopériode doit être différente selon le stade physiologique du chien.

c.☐ Un chien doit idéalement bénéficier de 8 heures d'éclairage en continu par jour.

154 – Quelles sont les affirmations correctes concernant le comportement de soumission chez le chien ? (2)

a.☐ Il n'existe pas vraiment de comportement de soumission chez le chien.

b.☐ Il peut être observé lorsqu'un chien est face à un individu agressif.

c.☐ La tête et le regard sont souvent détournés et les oreilles sont rabattues vers l'arrière.

d.☐ Les oreilles sont rabattues vers l'avant, le museau est froncé et les babines retroussées.

155 – Combien existe-t-il de types d'inscription pour l'obtention d'un pédigrée canin ? (1)

a.☐ 1 type d'inscription.

b.☐ 2 types d'inscription.

c.☐ 3 types d'inscription.

d.☐ 4 types d'inscription.

e.☐ 5 types d'inscription.

156 – Un chien a une patte cassée mais son maître refuse de le faire soigner. Selon le code pénal, que risque-le maître ? (1)

a.☐ Jusqu'à 450 € d'amende.

b.☐ Jusqu'à 750 € d'amende.

c.☐ Jusqu'à 1500 € d'amende.

157 – Quelles sont les affirmations correctes concernant les emballages de nourriture industrielle ? (3)

a.☐ La composition des aliments doit lister les ingrédients par ordre d'importance après cuisson.

b.☐ Les lipides sont des constituants analytiques.

c.☐ Les cendres brutes correspondent aux minéraux restants après la combustion d'un aliment.

d.☐ Les fibres sont considérées comme une matière première.

e.☐ Les protéines brutes sont des composants analytiques.

158 – Quand un chien peut-il être considéré en surpoids ? (1)

a.☐ Quand son poids est au moins 40 % supérieur à son poids optimal.

b.☐ Quand seules les deux dernières côtes flottantes sont visibles.

c.☐ Quand ses os sont difficilement palpables.

d.☐ Quand le pli abdominal n'est pas discernable.

159 – Quels troubles comportementaux peuvent le plus souvent provenir d'un développement inapproprié chez le chien ? (3)

a.☐ Une incapacité à se retrouver seul ou séparé de son maître.

b.☐ Des phobies face à des évènements du quotidien.

c.☐ Une anorexie soudaine.

d.☐ Une hyperactivité constante.

e.☐ Une malpropreté soudaine.

160 – Quand un chien est-il sevré au niveau alimentaire ? (2)

a.☐ Vers 4 semaines.

b.☐ Pendant la période de transition.

c.☐ Pendant la période de sociabilisation.

d.☐ Vers 7 à 8 semaines.

161 – Quelles sont les normes que doit respecter un élevage félin de 8 chats ? (3)

a.☐ Il doit être classé ICPE.

b.☐ Il doit être équipé d'un système de stockage des déchets et des eaux sales.

c.☐ Il ne doit pas obligatoirement être équipé d'un dispositif de lutte contre les incendies.

d.☐ Il doit avoir un plan de nettoyage.

e.☐ L'activité d'élevage peut s'effectuer au domicile de l'éleveur.

162 – Quel est l'organisme qui gère l'immatriculation et l'identification des carnivores domestiques ? (1)

a.☐ La DDCSPP.

b.☐ Les services vétérinaires.

c.☐ L'I-CAD.

163 – À partir de quel âge un chien doit-il être identifié ? (1)

a.☐ Dès 8 semaines.

b.☐ Dès 3 mois.

c.☐ Dès 4 mois.

d.☐ Dès 6 mois.

e.☐ Dès 1 an.

164 – Quelles sont les affirmations correctes concernant la gestation chez la chienne ? (3)

a.☐ La durée de gestation varie selon les races.

b.☐ La durée de gestation est généralement plus longue chez les plus petites races.

c.☐ La durée de gestation est généralement plus courte pour les grosses portées.

d.☐ Les chiennes donnent naissance à 3 à 5 petits en moyenne, quelle que soit la race.

e.☐ La durée de gestation moyenne est d'une soixantaine de jours.

165 – Quelles sont les affirmations correctes concernant un chien adulte causant des dégâts lorsqu'il est laissé seul ? (2)

a.☐ C'est peut-être un signe d'un trouble du développement.

b.☐ C'est un symptôme du syndrome de privation sensorielle.

c.☐ C'est peut-être un signe que le chien a mal été sevré.

166 – Pendant le transport, quel est le temps maximal durant lequel un animal est autorisé à passer sans manger ? (1)

a.☐ 8 heures.

b.☐ 12 heures.

c.☐ 24 heures.

167 – Quelles sont les affirmations correctes concernant les besoins nutritionnels ? (2)

a.☐ Ils sont toujours les mêmes tout au long de la vie de l'animal.

b.☐ Ils dépendent de l'âge de l'animal.

c.☐ Ils dépendent de l'activité de l'animal.

d.☐ Ils sont les mêmes pour les femelles en gestation et les femelles en lactation.

e.☐ Ils sont les mêmes pour les animaux entiers et les animaux stérilisés.

168 – Quels sont des exemples d'ectoparasites ? (2)

a.☐ Les cestodes.

b.☐ Les puces.

c.☐ Les protozoaires.

d.☐ Les acariens.

e.☐ Les ténias.

169 – Quelle est l'affirmation correcte dans le cas où une personne donne son chien adulte à un ami ? (1)

a.☐ L'adoptant doit mettre à jour les données d'identification de l'animal.

b.☐ Le donneur doit avoir un numéro de SIREN.

c.☐ Le donneur n'est pas tenu de fournir une attestation de cession.

170 – Quelles races canines sont des races de catégorie 2 ? (3)

a.☐ Les chiens d'apparence de race Rottweiler.

b.☐ Les chiens de race Mastiff.

c.☐ Les chiens de race Tosa.

d.☐ Les chiens de race Rottweiler.

e.☐ Les Pitbulls.

171 – Quel est l'effectif d'un établissement devant se soumettre aux autocontrôles ? (1)

a.☐ Tous les établissements doivent se soumettre aux autocontrôles.

b.☐ Moins de 10 chiens et / ou chats.

c.☐ Plus de 9 chiens et / ou chats.

172 – Quelle est l'affirmation correcte concernant l'élevage ? (1)

a.☐ Une femelle reproductrice désigne toute femelle étant en âge de se reproduire.

b.☐ Une femelle ne peut être mise à la reproduction qu'à partir de son deuxième cycle sexuel.

c.☐ Chez les chattes, la reproduction est déconseillée pour les femelles de plus de 7 ans.

d.☐ Un éleveur doit limiter le nombre de portées à 2 portées tous les 3 ans pour la même femelle.

173 – Quelles sont les affirmations correctes concernant le logement du chien en refuge ? (2)

a.☐ Les chiens doivent être isolés des uns des autres autant que possible pour éviter les conflits et la propagation de maladies.

b.☐ Les chiens doivent avoir accès à une zone extérieure seulement si la surface de leur boxe est inférieure à 5 m².

c.☐ Les chiens doivent toujours avoir accès à une aire extérieure.

d.☐ La surface minimale des enclos par chien de moins de 70 cm au garrot est de 5 m2.

e.☐ La surface minimale des enclos par chien de plus de 70 cm au garrot est de 15 m2.

174 – Quelles sont des sous-catégories du groupe 10 de races de chiens ? (2)

a.☐ Chiens nus.

b.☐ Lévriers à poil dur.

c.☐ Lévriers à poil court.

d.☐ Molossoïdes de petite taille.

e.☐ Lévriers à poil ras.

175 – Vers quel âge un chien de taille moyenne atteint-il généralement la puberté ? (1)

a.☐ Entre 6 à 8 mois.

b.☐ Entre 12 à 15 mois.

c.☐ Entre 18 à 24 mois.

176 – Quelles sont les affirmations correctes concernant l'eau ? (2)
a.☐ Il n'est pas nécessaire de proposer de l'eau supplémentaire à un animal qui ne se nourrit que de pâtée ou d'aliments frais.

b.☐ L'eau permet la dispersion des nutriments dans l'organisme.

c.☐ L'eau doit toujours être proposée à volonté pour un animal en bonne santé.

177 – Quelles sont les affirmations correctes concernant les tares et les maladies génétiques ? (3)
a.☐ Elles ne peuvent pas être évitées.

b.☐ Elles peuvent être évitées dans le cadre d'un accouplement raisonné.

c.☐ Le risque de développement de tares ou d'une maladie génétique est plus élevé dans le cadre d'un mariage consanguin.

d.☐ Le risque de développement de tares ou d'une maladie génétique est moins élevé dans le cadre d'un mariage consanguin.

e.☐ Certaines tares et maladies génétiques sont plus communes chez certaines races.

178 – Quelle est l'affirmation correcte concernant l'alimentation du chien ? (1)
a.☐ Le chien digère mal les fibres.

b.☐ Le chien a besoin de 42 nutriments essentiels.

c.☐ La majorité des besoins énergétiques du chien doit être couverte par des lipides.

d.☐ La stérilisation influe sur les besoins nutritionnels du chien.

179 – Quelles sont les affirmations correctes concernant l'anatomie du chien ? (2)
a.☐ Le museau du chien est composé de 2 éléments principaux.

b.☐ Le nombre d'os dépend de la race.

c.☐ Les chiens mâles ont un os de plus que les femelles.

180 – Quelles maladies sont des exemples de maladies parasitaires chez le chien ? (2)
a.☐ La leptospirose.

b.☐ La piroplasmose.

c.☐ La parvovirose.

d.☐ La mammite.

e.☐ La gale.

181 – Comment le sol des boxes de refuge doivent-ils être conçus ? (1)

a.☐ La moquette est une bonne idée de revêtement car elle assure une bonne isolation thermique et évite les glissements.

b.☐ Il doit être conçu avec une inclinaison d'au moins 3 % pour l'écoulement des urines.

c.☐ Il peut être conçu sur différents niveaux pour offrir à l'animal des options différentes de température au sol.

182 – Quelles sont les affirmations correctes concernant le transporteur ? (2)

a.☐ C'est la personne qui conduit le véhicule de transport.

b.☐ Il doit être titulaire d'une autorisation de transport pour les voyages commerciaux de plus de 65 km.

c.☐ Il doit être titulaire d'une autorisation de transport pour les voyages commerciaux de moins de 65 km.

d.☐ C'est la personne chargée du bien-être des animaux pendant le transport.

e.☐ C'est la personne physique ou morale effectuant le transport d'animaux.

183 – Quelles sont les affirmations correctes concernant le colostrum ? (2)

a.☐ C'est le premier lait produit par la mère qui est riche en anticorps.

b.☐ Il est produit par la mère pendant 1 semaine après la mise bas.

c.☐ Il doit être bu par les chiots dès que possible après leur naissance.

d.☐ Il doit être bu par les chiots jusqu'à ce qu'ils soient sevrés.

e.☐ Il peut être prélevé, conservé et proposé au biberon jusqu'à 72 heures après la naissance.

184 – Quelles maladies sont des vices rédhibitoires du chien ? (2)

a.☐ La maladie d'Aujeski.

b.☐ La maladie de Carré.

c.☐ L'hépatite de Rubarth.

d.☐ La toux du chenil.

e.☐ La panleucopénie.

185 – Quels sont de exemples d'inscription au LOF pour les chiens ? (2)

a.☐ Inscription à titre initial.

b.☐ Inscription à titre individuel.

c.☐ Inscription au titre de l'exportation.

d.☐ Inscription au titre de l'ascendance.

e.☐ Inscription au titre de la descendance.

186 – Que risque un individu exerçant une activité de pension animale sans certificat de capacités valide ? (1)

a.☐ Jusqu'à 2000 € d'amende.

b.☐ Jusqu'à 5500 € d'amende.

c.☐ Jusqu'à 7500 € d'amende.

187 –Quelles maladies sont des dangers sanitaires de première catégorie ? (3)

a.☐ Le botulisme.

b.☐ La tularémie.

c.☐ L'hépatite de Rubarth.

d.☐ La rage.

e.☐ La fièvre aphteuse.

188 – En général, quel est le délai de vermifugation et de déparasitage pour un chien adulte ? (1)

a.☐ Tous les mois.

b.☐ Tous les 1 à 2 mois.

c.☐ Tous les 3 à 6 mois.

d.☐ Tous les 6 à 12 mois.

e.☐ Tous les ans.

189 – Que risque un maître qui tente de vendre son chien d'apparence de race Mastiff ? (1)

a.☐ Rien, car un chien d'apparence de race Mastiff n'est pas un chien catégorisé.

b.☐ Rien, car un chien d'apparence de race Mastiff est de la deuxième catégorie.

c.☐ 750 € d'amende.

d.☐ 3500 € d'amende et 3 mois de prison.

e.☐ 15 000 € d'amende et 6 mois de prison.

190 – Quelles sont les affirmations correctes concernant le syndrome de privation sensorielle ? (2)

a.☐ Les symptômes sont une hyperactivité constante et une difficulté à se trouver seul.

b.☐ Il peut être causé par un mauvais sevrage alimentaire.

c.☐ Il peut être causé par un manque de stimuli pendant la période juvénile du chien.

d.☐ Il cause des phobies extrêmes face à des événements du quotidien.

e.☐ Il est facile à traiter chez le chien adulte.

191 – Quelles sont les affirmations correctes concernant la sectorisation des zones ? (2)

a.☐ On sectorise généralement les locaux en 3 zones différentes.

b.☐ La pension fait partie de la zone intermédiaire.

c.☐ La maternité et la nurserie font partie de la zone à risque.

d.☐ La zone d'isolement et l'infirmerie font partie de la même zone.

e.☐ Les jeunes animaux sevrés doivent être gardés dans la nurserie.

192 – Qu'est-ce que le rapport Ca/P dans l'alimentation ? (2)

a.☐ Le rapport entre le calcium et le phosphore.

b.☐ Le rapport entre le calcium et le potassium.

c.☐ Il joue un rôle majeur dans la formation des os.

d.☐ Il joue un rôle majeur dans le renouvellement des cellules.

193 – Selon la classification de Jean-Pierre Mégnin, quel est le morphotype d'un chien trapu et massif avec un cou court, de longues et épaisses babines et des oreilles courtes et tombantes ? (1)

a.☐ Molossoïde.

b.☐ Braccoïde.

c.☐ Lupoïde.

d.☐ Graïoïde.

194 – Quelles sont les affirmations correctes concernant la reproduction chez le chien ? (2)

a.☐ Le chien est une espèce à ovulation spontanée.

b.☐ Le chien est une espèce à ovulation provoquée.

c.☐ L'ovulation est systématique à chaque cycle sexuel.

d.☐ L'ovulation est déclenchée par stimulation du vagin.

195 – Quelles sont les affirmations correctes concernant la photopériode ? (3)

a.☐ Elle influe sur le système hormonal du chien.

b.☐ Elle peut être contrôlée avec des sources de lumière artificielles.

c.☐ La durée d'éclairage quotidien doit être de 12 à 14 heures.

d.☐ La durée d'éclairage ne doit pas forcément être continue tant que l'on respecte la durée d'éclairage nécessaire par jour.

e.☐ Elle doit obligatoirement être contrôlée par une source de lumière naturelle.

196 – Quelles sont les affirmations correctes concernant l'autorisation de transport ? (2)

a.☐ Elle est toujours obligatoire.

b.☐ Elle peut remplacer le registre du transpondeur pour les voyages internationaux de longue durée.

c.☐ Le type d'autorisation dépend de la nature, de la durée et de la distance du voyage.

d.☐ L'autorisation de transport de type 1 doit être accompagnée de l'agrément du véhicule de transport.

e.☐ L'autorisation de transport de type 2 doit être accompagnée de l'agrément du véhicule de transport.

197 – Quelles sont les règles concernant le versement d'arrhes ? (2)

a.☐ Un versement d'arrhes est obligatoire pour l'achat d'un animal de pure race.

b.☐ Un acheteur qui annule la vente peut récupérer ses arrhes si le vendeur le lui autorise.

c.☐ Si le vendeur annule la vente, il doit verser le double des arrhes à l'acheteur.

d.☐ Un acheteur peut toujours récupérer ses arrhes s'il annule la vente dans les 5 jours ouvrés suivant la signature du contrat de vente.

198 – De quel groupe les races de chiens de type Pinscher et Schnauzer font-ils partie ? (1)

a.☐ Du groupe 2.

b.☐ Du groupe 5.

c.☐ Du groupe 7.

d.☐ Du groupe 9.

e.☐ Du groupe 10.

199 – Quelles sont les affirmations correctes concernant l'herpèsvirose canine ? (2)

a.☐ Elle peut être évitée grâce à un vaccin à administrer aux jeunes chiots.

b.☐ Elle n'est pas très grave chez les adultes.

c.☐ Elle peut causer la mort des fœtus.

d.☐ Il n'existe pas de vaccin pour les chiens.

200 – Quelles sont les dents qui n'apparaissent qu'en dents définitives et non en déciduales chez le chien ? (1)

a.☐ Les incisives.

b.☐ Les canines.

c.☐ Les prémolaires.

d.☐ Les molaires.

201 – En génétique, qu'est-ce que le phénotype ? (1)

a.☐ C'est la composition des allèles de tous les gènes d'un individu.

b.☐ C'est l'ensemble des traits observables sur un individu.

c.☐ C'est une portion d'ADN contenant un caractère génétique spécifique.

202 – Quelles sont les affirmations correctes concernant les vitamines ? (2)

a.☐ Les vitamines liposolubles peuvent être toxiques à hautes doses.

b.☐ Les vitamines liposolubles sont évacuées dans les urines et par la sueur.

c.☐ La vitamine K est une vitamine liposoluble.

d.☐ La vitamine A n'est pas une vitamine liposoluble.

e.☐ Les vitamines B sont des vitamines liposolubles.

203 – Qui est tenu de faire identifier un chien lors d'une cession ? (1)

a.☐ S'il s'agit d'une session à titre gratuit, l'adoptant doit faire identifier le chien.

b.☐ S'il s'agit d'une vente, le vendeur doit faire identifier le chien, sauf s'il s'agit d'un refuge auquel cas l'adoptant doit faire identifier le chien.

c.☐ S'il s'agit d'une session à titre gratuit, le donneur doit faire identifier le chien, qu'il s'agisse d'un particulier ou d'un professionnel.

204 – Quand la vaccination contre la rage est-elle obligatoire pour un chien ? (3)

a.☐ Pour tout voyage à l'étranger.

b.☐ Pour tout voyage de plus de 8 heures.

c.☐ Pour les chiens de catégorie 1.

d.☐ Pour les chiens de catégorie 2.

e.☐ La vaccination contre la rage est toujours obligatoire.

205 – Qu'est-ce que l'oestrus ? (1)

a.☐ Il correspond au début des chaleurs.

b.☐ Pendant cette période, les mâles sont attirés par la femelle, mais elle refuse l'accouplement.

c.☐ C'est la période pendant laquelle l'ovulation a lieu.

206 – Quelles sont les affirmations correctes concernant l'élevage ? (2)

a.☐ Un individu ne travaillant pas en pure race est considéré éleveur dès la première portée vendue.

b.☐ Un individu travaillant en pure race est considéré éleveur dès la deuxième portée vendue.

c.☐ Un éleveur est uniquement autorisé à vendre des animaux issus de son propre élevage.

207 – Un chien s'est échappé de son domicile et a causé des dégâts sur une propriété privée non clôturée. Qui est responsable ? (1)

a.☐ Personne, puisque le chien s'est échappé (sans la faute de son maître).

b.☐ Le propriétaire du chien et le propriétaire de la propriété privée endommagée.

c.☐ Le propriétaire de la propriété privée endommagée.

d.☐ Le propriétaire du chien.

208 – Pour une hydratation idéale, combien d'eau un chien doit-il consommer par kilo et par jour ? (1)

a.☐ 10 à 20 ml.

b.☐ 30 à 40 ml.

c.☐ 50 à 70 ml.

d.☐ 100 à 110 ml.

e.☐ 150 à 200ml.

209 – Quel est le délai de suspicion pour la dysplasie coxo-fémorale ? (1)

a.☐ Aucune, car ce n'est pas un vice rédhibitoire.

b.☐ Aucune, car c'est une maladie génétique avec un délai de suspicion non fixé.

c.☐ 5 jours.

d.☐ 8 jours.

e.☐ 30 jours.

210 – Quelles sont les affirmations correctes concernant la vermifugation du chien adulte ? (2)

a.☐ Un chien doit être traité tous les mois.

b.☐ Un chien doit être traité en moyenne tous les 3 à 6 mois, selon ses besoins.

c.☐ Une chienne gestante ne doit jamais être traitée car le produit peut causer des problèmes pour les fœtus.

d.☐ Un chien doit être traité tous les ans.

e.☐ Tous les animaux au sein d'un même foyer doivent être traités.

211 – Quelles sont les affirmations correctes concernant le registre des entrées et sorties ? (2)

a.☐ Il n'est obligatoire que pour les élevages.

b.☐ Il ne concerne que les chiens et les chats.

c.☐ Les volumes contenant des informations sur un animal vivant doivent être conservés 1 an après la sortie de l'animal.

d.☐ Les données doivent y être consignées en temps réel.

e.☐ Les données doivent y être consignées de manière indélébile.

212 – Quelle est l'affirmation correcte concernant le transport à titre non commercial ? (1)

a.☐ Il ne doit pas excéder plus de 65 km.

b.☐ Il ne doit pas excéder plus de 8 heures.

c.☐ La présence d'un convoyeur n'est pas requise.

213 – Quels sont des signes de complications pendant la mise bas chez la chienne ? (3)

a.☐ La mise bas dure plus de 20 heures.

b.☐ L'intervalle entre deux naissances excède 2 heures.

c.☐ Un chiot est engagé depuis 2 minutes sans expulsion.

d.☐ La chienne effectue des efforts intenses depuis 30 minutes sans expulsion.

e.☐ La chienne perd un liquide vulvaire hémorragique et malodorant.

214 – Quelle période de développement se déroule de la naissance aux deux premières semaines de vie du chiot ? (1)

a.☐ La période prénatale.

b.☐ La période néonatale.

c.☐ La période de socialisation.

215 – Quelles sont les affirmations correctes concernant l'évaluation comportementale des chiens catégorisés ? (2)

a.☐ Elle est toujours obligatoire pour les chiens catégorisés.

b.☐ Elle n'est obligatoire que pour les chiens de catégorie 1.

c.☐ Elle peut parfois être obligatoire pour des chiens non catégorisés.

d.☐ Elle définit 3 niveaux de dangerosité du chien.

e.☐ Elle doit toujours être renouvelée.

216 – Quelles sont les affirmations correctes concernant l'alimentation ? (3)

a.☐ La gestation est le stade physiologique le plus demandeur en énergie.

b.☐ L'eau fait partie des besoins nutritionnels.

c.☐ La race d'un animal influe sur ses besoins nutritionnels.

d.☐ L'environnement d'un animal influe sur ses besoins nutritionnels.

e.☐ Des petits sevrés et non sevrés ont les mêmes besoins nutritionnels.

217 – Quelle maladie est classifiée de danger sanitaire de deuxième catégorie ? (1)

a.☐ L'influenza aviaire pathogène.

b.☐ L'herpèsvirose de la carpe.

c.☐ La rage.

d.☐ La leucose féline.

e.☐ La trichinellose.

218 – Quels sont les bons réflexes à avoir avec un chien ayant été mordu par un serpent ? (2)

a.☐ Empêcher le chien de bouger.

b.☐ Nettoyer et désinfecter la plaie.

c.☐ Appliquer une compresse chaude sur la plaie.

d.☐ Appliquer une compresse froide sur la plaie.

e.☐ Stimuler le chien afin qu'il reste éveillé et actif avant l'intervention d'un vétérinaire.

219 – Quelles sont les affirmations correctes concernant les normes d'un enclos canin ? (3)

a.☐ Il doit être de 10 m² au minimum.

b.☐ Le sol doit être lisse et plat.

c.☐ Il doit contenir une couchette.

d.☐ Il doit contenir des jouets.

e.☐ Il doit être de 2 m de haut au minimum.

220 – De quel groupe les chiens nordiques et de traineau font-ils partie ? (2)

a.☐ Du groupe 4.

b.☐ Du groupe 5.

c.☐ Du groupe 6.

d.☐ Du groupe « Chiens courants, chiens de recherche au sang et races apparentées ».

e.☐ Du groupe « Chiens de type Spitz et de type primitif ».

221 – Quelles sont les affirmations correctes concernant la prophylaxie sanitaire ? (2)

a.☐ Elle décrit la fréquence et le mode opératoire de nettoyage et de désinfection.

b. ☐ Elle a pour but d'obtenir un bon équilibre de microbisme ambiant afin de préserver la santé des animaux.

c.☐ C'est une action sanitaire visant l'élimination de micro-organismes potentiellement dangereux pour la santé des animaux.

d. ☐ C'est la totalité des pratiques d'hygiène exercées au sein d'un établissement.

e.☐ C'est une technique de raisonnement des déplacements au sein de locaux ayant pour but de limiter les risques de contaminations croisées.

222 – Qu'est-ce que l'hypertype ? (1)

a.☐ C'est une étape importante de la sélection des reproducteurs dans le cadre d'un accouplement raisonné.

b.☐ C'est une forme de mariage consanguin.

c.☐ C'est l'accentuation extrême d'un trait morphologique.

223 – Quelles sont les règles que doit suivre un propriétaire de chien catégorisé ? (3)

a.☐ Il doit toujours obtenir une attestation d'aptitude auprès d'un éducateur canin.

b.☐ Il doit toujours obtenir un permis de détention.

c.☐ Il doit toujours souscrire à une assurance responsabilité civile.

d.☐ Il doit toujours faire entraîner son chien par un éducateur canin.

e.☐ Il doit toujours emmener son chien pour une évaluation comportementale annuelle auprès d'un vétérinaire agréé.

224 – Quelle est la durée moyenne de gestation chez la chienne ? (1)

a.☐ De 40 à 45 jours.

b.☐ De 48 à 56 jours.

c.☐ De 56 à 70 jours.

d.☐ De 69 à 78 jours.

225 – À quel morphotype le Pékinois appartient-il ? (2)

a.☐ Au type brachymorphe.

b.☐ Au type médioligne.

c.☐ Au type longiligne.

d.☐ Au type bréviligne.

e.☐ Au type braccoïde.

226 – Pendant le transport, quel est le temps maximal durant lequel un animal est autorisé à passer sans boire ? (1)

a.☐ 8 heures.

b.☐ 12 heures.

c.☐ 24 heures.

227 – Par quels moyens peut-on généralement vérifier qu'un animal reçoit un apport nutritionnel qui lui est adapté ? (3)

a.☐ L'appétit de l'animal.

b.☐ L'aspect des selles.

c.☐ L'état de la peau et du pelage.

d.☐ La qualité du sommeil de l'animal.

e.☐ Le poids de l'animal.

228 – Quelles sont les affirmations correctes concernant le titre d'inscription au LOF qui concerne un chien dont la race est fortement représentée ? (2)

a.☐ C'est une inscription au titre de la descendance.

b.☐ C'est une inscription à titre temporaire.

c.☐ Un tel chien peut être inscrit à un livre d'attente pendant 3 générations successives, la quatrième génération pouvant être inscrite au LOF.

d.☐ Un tel chien peut être inscrit à un livre d'attente pendant 4 générations successives, la cinquième génération pouvant être inscrite au LOF.

e.☐ C'est un type d'inscription qui permet de garder une grande variabilité génétique pour une race.

229 – Combien existe-t-il de niveaux d'état corporel permettant d'évaluer l'état d'engraissement d'un chien ? (1)

a.☐ 3

b.☐ 5

c.☐ 7

230 – Quelles sont des allures du chien ? (3)

a.☐ Le tölt.

b.☐ Le galop.

c.☐ L'arrêt.

d.☐ Le trot.

e.☐ L'amble.

231 – Quelles sont les affirmations correctes concernant le plan de nettoyage ? (3)

a. ☐ Il est obligatoire pour tous les établissements quel que soit l'effectif.

b.☐ Il détaille les durées de périodes d'isolement pour les animaux entrants.

c. ☐ Il fait partie du règlement sanitaire.

d. ☐ Il indique les responsables des opérations de nettoyage et de désinfection.

e.☐ Il ne concerne que les établissements hébergeant des carnivores domestiques.

232 – Quelles sont les informations obligatoires pour une annonce de cession ? (2)

a.☐ La description physique des animaux (couleur de la robes, motifs, etc).

b.☐ Le nombre de petits dans la portée.

c.☐ Les vaccins et tests effectués (FIV, FELV, etc).

d.☐ La mention claire d'appartenance à une race pour les animaux de pure race.

e.☐ Si les animaux sont entiers ou stérilisés.

233 – Quelles sont les affirmations correctes concernant la période de transition chez le chiot ? (2)

a.☐ Elle se déroule de la deuxième à la huitième semaine.

b.☐ Elle précède la période de socialisation.

c.☐ C'est la période pendant laquelle les premières dents du chien apparaissent.

d.☐ Elle débute lorsque le chien peut se tenir debout de manière stable.

234 – Quelles sont les affirmations correctes concernant l'identification du chien ? (2)

a.☐ Un chien ne peut être identifié par puce électronique qu'à partir de 4 mois.

b.☐ Un chien doit obligatoirement être identifié pour une cession à titre onéreux.

c.☐ Un chien doit obligatoirement être identifié pour une cession à titre gratuit.

235 – Quelles sont les affirmations correctes concernant le colostrum? (3)

a.☐ Il est riche en anticorps.

b.☐ Il permet de diminuer les risques d'éclampsie.

c.☐ Il doit être consommé par les petits dès la naissance.

d.☐ La femelle ne le produit que pendant 24 à 72 heures après la mise bas.

e.☐ L'organisme des chiots ne l'assimile plus 48 heures après leur naissance.

236 – Quelle est la teneur en bœuf d'un aliment pour furet appelé « Miam Furet bœuf » ? (1)

a.☐ Moins de 4 % de bœuf.

b.☐ Plus de 26 % de bœuf.

c.☐ Entre 14 % et 26 % de bœuf.

d.☐ 100 % de bœuf.

e.☐ Entre 4 % et 14 % de bœuf.

237 – Selon le code pénal, quelles activités sont catégorisées en tant que « mauvais traitements envers un animal » ? (3)

a.☐ La privation de soins.

b.☐ La privation de nourriture.

c.☐ Le refus de vacciner un animal.

d.☐ La contention.

238 – Quelles sont les affirmations correctes concernant la température dans un élevage ? (3)

a.☐ Les chiens adultes supportent mieux les températures basses que les températures trop hautes.

b.☐ Les chiens adultes supportent mieux les hautes températures que les températures basses.

c.☐ Le nid des nouveau-nés doit être chauffé à au moins 20 °C.

d.☐ La température idéale pour les chiens adultes est de 15 à 20 °C.

e.☐ La température influe sur les prises de nourriture.

239 – De quel groupe de races canines les chiens dont la fonction étaient à l'origine la chasse souterraine en raison de leurs courtes pattes font-ils partie ? (1)

a.☐ Du groupe 3 : Terriers.

b.☐ Du groupe 4 : Teckels.

c.☐ Du groupe 8 – Chiens rapporteurs de gibier – Chiens leveurs de gibier – Chiens d'eau.

240 – Quelles sont les affirmations correctes concernant la leptospirose ? (2)

a.☐ Elle se transmet dans l'urine de rongeurs.

b.☐ C'est une maladie virale.

c.☐ C'est une zoonose.

241 – Quelles sont les affirmations correctes concernant les actions de nettoyage et de désinfection ? (3)

a.☐ Toutes les surfaces en contact avec les animaux doivent être nettoyées et désinfectées au minimum 1 fois par jour.

b.☐ Un lot d'équipement de nettoyage peut être utilisé dans tous les locaux d'une structure tant qu'il est remplacé de manière hebdomadaire.

c.☐ Le nettoyage s'effectue toujours avant la désinfection.

d.☐ Le nettoyage permet d'éliminer les micro-organismes invisibles à l'œil nu.

e.☐ Le nettoyage permet l'élimination les souillures d'origine organique ou minérale.

242 – Quelles sont les normes à respecter pour les transports commerciaux de courte durée de plus de 65 km ? (2)

a.☐ Le voyage ne doit pas excéder 12 heures.

b.☐ La présence d'un convoyeur est toujours requise.

c.☐ Le transporteur doit posséder une autorisation de transport de type 2.

d.☐ Le véhicule de transport doit être agréé.

e.☐ Le voyage ne doit pas excéder 8 heures.

243 – Quels sont des signes d'une mise bas imminente chez la chienne ? (2)

a.☐ Une chute de température.

b.☐ Une augmentation de température.

c.☐ Des pertes vulvaires hémorragiques.

d.☐ Des pertes vulvaires incolores.

244 –Un chien a été attribué un niveau 2 de dangerosité lors de son évaluation comportementale. Quand cette évaluation doit-elle être renouvelée ? (1)

a.☐ Tous les ans.

b.☐ Tous les 2 ans.

c.☐ Tous les 3 ans.

d.☐ Tous les 4 ans.

e.☐ Elle ne doit pas être renouvelée.

245 – Quels végétaux peuvent être toxiques pour les chiens ? (3)

a.☐ La jonquille.

b.☐ L'herbe de gazon.

c.☐ Le muguet.

d.☐ La fougère.

e.☐ Le gui.

246 – Pour la vente d'un animal, que garantit le vendeur à l'acheteur ? (3)

a.☐ Un certificat sanitaire.

b.☐ Une preuve que les vaccinations de base ont été effectuées.

c.☐ Une attestation de vente.

d.☐ Un certificat de bonne santé.

e.☐ Une preuve que l'animal a bien été identifié.

247 – Qu'est-ce que l'Out-breeding ? (1)

a.☐ C'est le fait d'accoupler deux individus de races différentes.

b.☐ C'est le fait d'accoupler deux individus ayant des ancêtres lointains en commun.

c.☐ C'est le fait d'accoupler deux individus ayant des ancêtres proches en commun.

d.☐ C'est une forme de croisement qui consiste à accoupler deux individus de races similaires pour améliorer une qualité ou diminuer un défaut.

e.☐ C'est le fait d'accoupler deux individus n'ayant aucun ancêtre en commun.

248 – Que peuvent signifier des muqueuses blanches chez le chien ? (1)

a.☐ Une anémie.

b.☐ Des troubles hépatiques.

c.☐ Une infection.

d.☐ Une hypoxémie.

249 – Comment appelle-t-on un chien dont la mâchoire du dessus est plus longue que celle du dessous ? (2)

a.☐ Un chien grignard.

b.☐ Un chien bégu.

c.☐ Un chien avec un prognathisme inférieur.

d.☐ Un chien avec un prognathisme supérieur.

250 – Quelles races de chiens sont dites « mésocéphales » ? (2)

a.☐ Le Colley.

b.☐ L'Épagneul Breton.

c.☐ Le Carlin.

d.☐ Le Malinois.

e.☐ Le lévrier.

251 – Comment les locaux d'un refuge doivent-ils être conçus ? (3)

a.☐ Pour limiter les nuisances sonores.

b.☐ Pour permettre au public d'interagir facilement avec les animaux en vue d'une adoption éventuelle.

c.☐ Pour maîtriser les reproductions.

d.☐ Pour faciliter les opérations de nettoyage.

e.☐ Pour permettre autant d'interactions sociales inter-spécifiques que possible pour le bien-être des animaux.

252 – Que sont les éléments essentiels dans l'alimentation ? (2)

a.☐ Ce sont des éléments qui doivent obligatoirement être apportés par la nourriture.

b.☐ Ce sont des oligo-éléments.

c.☐ Ce sont des sels minéraux.

d.☐ Les lipides sont des éléments essentiels.

e.☐ La vitamine D est un élément essentiel.

253 – Quelle est la cause possible d'un chien adulte destructeur et constamment hyperactif ? (1)

a.☐ C'est forcément un signe d'un mauvais développement.

b.☐ Cela peut être un symptôme d'anxiété de séparation.

c.☐ Cela peut être un symptôme du syndrome Hs-Ha.

254 – Qu'est-ce que l'éclampsie ? (2)

a.☐ C'est un vice rédhibitoire chez le chien.

b.☐ C'est une maladie virale commune chez les jeunes chiots.

c.☐ C'est une maladie commune aux chiennes ayant récemment mis bas.

d.☐ C'est une urgence vétérinaire.

e.☐ Elle correspond à une chute brutale de protéines dans l'organisme.

255 – Quelle est l'affirmation correcte concernant l'ectopie testiculaire ? (1)

a.☐ C'est un vice rédhibitoire qui ne concerne que les animaux de plus de 8 mois.

b.☐ C'est une maladie virale.

c.☐ C'est un vice rédhibitoire dont le délai de suspicion n'est pas fixé.

256 – Quelle affirmation reflète l'un des statuts juridiques de l'animal ? (1)

a.☐ Les animaux possèdent un statut égal à celui des êtres humains.

b.☐ Les animaux sont soumis au régime des biens, mais pas assimilés à des choses.

c.☐ Les animaux sont assimilés à des choses et ne sont pas soumis au régime des biens.

257 – Quelles sont les affirmations correctes concernant le passeport ? (2)

a.☐ Il est délivré par les autorités administratives.

b.☐ Il contient toujours le numéro d'identification de l'animal.

c.☐ Il est seulement obligatoire pour les chiens et les chats.

d.☐ Il doit être renouvelé tous les ans.

e.☐ Il n'est pas obligatoire pour un voyage national (sans passage d'une frontière).

258 – Quelle est l'affirmation correcte dans le cas où une personne vend un chien à un ami ? (1)

a.☐ Le vendeur n'est pas tenu de fournir le carnet de santé de l'animal.

b.☐ L'animal doit être âgé de 12 semaines au minimum.

c.☐ Le vendeur doit obligatoirement demander des arrhes.

259 – Quelles sont les affirmations correctes concernant les tiques ? (2)

a.☐ Ce sont des endoparasites.

b.☐ Ce sont des ectoparasites.

c.☐ Elles sont vecteurs de la dirofilariose chez le chien.

d.☐ Elles sont des vecteurs de la maladie de Lyme chez le chien.

260 – Quelles sont les affirmations correctes concernant le Pitbulls ? (3)

a.☐ Ce sont des chiens d'apparence de race American Staffordshire Terrier.

b.☐ Ce sont des chiens d'apparence de race Mastiff.

c.☐ Ce ne sont pas des chiens de race.

d.☐ Ce sont des chiens de catégorie 1.

e.☐ Ce sont des chiens de catégorie 2.

261 – Quelles sont les affirmations correctes concernant la sectorisation des zones ? (2)

a.☐ Elle permet de limiter le risque de contaminations croisées.

b.☐ Il n'y a pas besoin de sectorisation si on ne prévoit pas de portées.

c.☐ C'est une technique de prophylaxie sanitaire.

262 – Quelles sont les affirmations correctes concernant les caractères quantitatifs d'un reproducteur ? (3)

a.☐ Ce sont des caractères mesurables et concrets.

b.☐ Ils doivent être pris en compte lors de la sélection de reproducteurs.

c.☐ Ils peuvent définir la qualité du poil ou le tempérament d'un animal.

d.☐ Ce sont des caractères non mesurables.

e.☐ Ils peuvent définir la vitesse ou le poids d'un animal.

263 – Quelles sont les races canines associées au groupe 10 ? (1)

a.☐ Lévriers.

b.☐ Terriers.

c.☐ Épagneuls.

d.☐ Spitz.

e.☐ Chiens de montagne et de bouvier suisse.

264 – Un chien a accès à une niche dans sa courette extérieure. Quelle est l'affirmation exacte concernant la surface devant la niche ? (1)

a.☐ Elle doit mesurer un minimum de 1 m².

b.☐ Elle doit protéger le chien contre les intempéries.

c.☐ Elle doit être construite en matériaux durs et imperméables.

265 – Quelles sont les affirmations correctes concernant l'interoestrus chez le chien ? (2)

a.☐ C'est la période de repos sexuel hors saison sexuelle.

b.☐ C'est la période de repos sexuel en saison sexuelle.

c.☐ Elle dure environ 6 mois chez le chien.

d.☐ Elle dure environ 2 mois chez le chien.

266 – Quels éléments sont des sels minéraux ? (2)

a.☐ Le calcium.

b.☐ La vitamine D.

c.☐ Les protéines.

d.☐ Le fer.

e.☐ Le chlore.

267 – Quelles sont les normes concernant la reproduction des femelles en élevages ? (2)

a.☐ Une femelle peut être mise à la reproduction dès son premier cycle sexuel.

b.☐ Une femelle peut être mise à la reproduction dès son deuxième cycle sexuel.

c.☐ Le nombre de portées est limité à 2 portées par an.

d.☐ Le nombre de portées est limité à 3 portées tous les 2 ans.

e.☐ Une femelle peut être mise à la reproduction toute sa vie.

268 – Quelle affirmation est un type d'inscription pour l'obtention d'un pédigrée chez le chien ? (1)

a.☐ Inscription au titre des collatéraux.

b.☐ Inscription à titre personnel.

c.☐ Inscription à titre individuel.

d.☐ Inscription au titre des origines.

e.☐ Inscription au livre d'attente.

269 – Comment le chien communique-t-il avec d'autres chiens ? (3)

a.☐ Grâce aux phéromones.

b.☐ Grâce aux sons.

c.☐ Grâce aux odeurs.

d.☐ Grâce au langage corporel.

270 – Quand les chiots doivent-ils être vermifugés ? (1)

a.☐ Tous les 15 jours jusqu'à la puberté.

b.☐ Tous les mois pour les chiots de 2 à 6 mois.

c.☐ Tous les 3 mois pour les chiots de 3 à 5 mois.

d.☐ Toutes les 3 semaines pour les chiots de 6 à 12 mois.

271 – Quelles sont les affirmations correctes concernant la zone de quarantaine ? (2)

a.☐ Elle permet l'observation d'animaux entrants.

b.☐ Pour les activités à faible effectif, elle peut également faire office d'infirmerie.

c.☐ Elle fait partie des zones sensibles.

d.☐ Elle permet l'accueil et l'observation des animaux malades.

e.☐ Elle permet l'accueil d'animaux en attente de résultats vétérinaires.

272 – Quelles sont les affirmations correctes concernant le registre du transporteur ? (3)

a.☐ C'est un document obligatoire pour tout type de transport.

b.☐ Il mentionne la date et le lieu de la dernière désinfection du véhicule de transport.

c.☐ Il confirme que le véhicule de transport a bien été agréé.

d.☐ Il mentionne le nombre et l'espèce des animaux transportés.

e.☐ Il mentionne la durée du voyage.

273 – À quelle période la fécondation de l'ovule se passe-t-elle chez la chienne ? (1)

a.☐ Durant la période d'oestrus.

b.☐ Durant toute la période des chaleurs.

c.☐ Durant la période d'anoestrus.

274 – Quelle période de développement de la vie du choit se déroule entre sa deuxième et troisième semaine de vie ? (1)

a.☐ C'est la période de socialisation.

b.☐ C'est la période d'imprégnation.

c.☐ C'est la période de transition.

275 – Quel est le régime alimentaire du chien ? (1)

a.☐ Le chien est une espèce strictement carnivore.

b.☐ Le chien est une espèce omnivore.

c.☐ Le chien est une espèce carnivore à tendance omnivore.

276 – Quelles sont les affirmations correctes concernant la vitamine C ? (2)

a.☐ C'est une vitamine hydrosoluble.

b.☐ On la retrouve principalement dans la viande et le poisson.

c.☐ Elle peut être synthétisée au niveau de la peau au contact du soleil.

d.☐ Elle participe au développement des défenses immunitaires.

e.☐ Elle participe à la production de globules rouges.

277 – Quelles maladies sont des dangers sanitaires de première catégorie ? (2)

a.☐ La tularémie.

b.☐ La fièvre aphteuse.

c.☐ Le botulisme.

d.☐ La maladie de Carré.

e.☐ La maladie de Lyme.

278 – Vers quel âge un chien de petite race atteint-il généralement la puberté ? (1)

a.☐ Vers 4 mois.

b.☐ Vers 6 mois.

c.☐ Vers 8 à 10 mois.

279 – À quel morphotype le Carlin et le Bouledogue français appartiennent-ils ? (1)

a.☐ Aux dolicéphales.

b.☐ Aux mésocéphales.

c.☐ Aux brachycéphales.

280 – Quelles sont les affirmations correctes concernant l'évaluation comportementale des chiens catégorisés ? (2)

a.☐ Elle est obligatoire pour les chiens catégorisés à partir de 12 mois.

b.☐ Elle permet d'évaluer la catégorie du chien (catégorie 1 ou 2).

c.☐ Elle permet d'évaluer le niveau de dangerosité du chien.

d.☐ L'intervalle de renouvellement dépend du niveau de dangerosité du chien.

e.☐ L'intervalle de renouvellement dépend de la catégorie du chien (catégorie 1 ou 2).

281 – Qu'est-ce que le principe de la marche en avant ? (2)

a.☐ C'est une technique de prophylaxie sanitaire.

b.☐ Elle consiste à se déplacer des zones à risque aux zones sensibles sans revenir sur ses pas.

c.☐ C'est une technique obligatoire pour toutes les structures hébergeant des animaux.

d.☐ Elle permet d'éviter les risques de contaminations croisées.

e.☐ C'est une technique de nettoyage et de désinfection.

282 – Quels sont des exemples d'exercice illégal de la médecine vétérinaire ? (2)

a.☐ Un éleveur procédant à la vaccination de ses propres animaux.

b.☐ Un élève en médecine vétérinaire délivrant des prescriptions sans être inscrit au tableau de l'ordre des vétérinaires.

c.☐ Un particulier pratiquant des injections d'insuline sur son animal, sous l'accord et la prescription d'un vétérinaire.

283 – Quelle amende risque un individu qui possède un chien non identifié ? (1)

a.☐ 150 €.

b.☐ 750 €.

c.☐ 1000 €.

d.☐ Il ne risque aucune amende.

284 – Quand et comment une gestation peut-elle être diagnostiquée chez la chienne ? (2)

a.☐ Par échographie vers le 45ème jour de gestation.

b.☐ Par échographie vers le 25ème jour de gestation.

c.☐ Par palpation abdominale vers le 10ème jour de gestation.

d.☐ Par palpation abdominale vers le 20ème jour de gestation.

285 – De quel groupe les Bichons, les Caniches et les Carlins font-ils partie ? (2)

a.☐ Du groupe 4.

b.☐ Du groupe 6.

c.☐ Du groupe 9.

d.☐ Du groupe « Chiens d'agrément et de compagnie ».

e.☐ Du groupe « Chiens de compagnie et races miniatures ».

286 – Qu'est-ce qu'un animal dit « hétérozygote » pour un caractère donné ? (2)

a.☐ Il possède deux allèles identiques sur deux mêmes gènes.

b.☐ Il possède deux allèles différents sur deux mêmes gènes.

c.☐ Ce caractère a plus de chances d'être varié sur la descendance de l'animal.

d.☐ Ce caractère a plus de chances d'être fixe sur la descendance de l'animal.

287 – À quel âge un chien ou un chat peut-il légalement être cédé ? (1)

a.☐ 4 semaines.

b.☐ 8 semaines.

c.☐ 12 semaines.

d.☐ 16 semaines.

e.☐ 12 semaines pour les éleveurs et 8 semaines pour les refuges et associations.

288 – En moyenne, combien de fois par heure l'air doit-il être renouvelé dans un établissement hébergeant des chiens ? (2)

a.☐ 3 à 5 fois.

b.☐ 5 à 10 fois.

c.☐ 15 à 20 fois.

289 – Quelles sont les affirmations correctes concernant la parvovirose ? (2)

a.☐ Ce n'est pas une zoonose.

b.☐ Un vaccin peut être administré dès 12 semaines.

c.☐ C'est un danger sanitaire.

d.☐ Elle touche tous les carnivores domestiques.

e.☐ Elle cause une gastro-entérite hémorragique et de la fièvre.

290 – Quel est le délai de suspicion pour la parvovirose ? (1)

a.☐ Il n'y en a pas, car ce n'est pas un vice rédhibitoire.

b.☐ Il n'y en a pas, car c'est une maladie génétique.

c.☐ 5 jours.

d.☐ 6 jours.

e.☐ 8 jours.

291 – Quelles sont les affirmations correctes concernant la lutte contre les nuisibles dans un refuge ? (2)

a.☐ Les actions de lutte contre les nuisibles sont détaillées dans le registre du suivi sanitaire.

b.☐ La maîtrise de la température permet de limiter la prolifération des nuisibles.

c.☐ Tant que l'on évite les boxes des animaux, les produits chimiques anti-rongeurs peuvent être utilisés dans le reste des locaux.

d.☐ Les actions de nettoyage et de désinfection sont suffisants pour prévenir la prolifération des nuisibles.

e.☐ Pour lutter contre les rongeurs, il est préférable d'utiliser des pièges plutôt que des produits chimiques.

292 – Quels sont les avantages et les inconvénients de la ration ménagère ? (2)

a.☐ Les aliments sont souvent moins appétents.

b.☐ Il y a plus de risques de proposer une alimentation déséquilibrée.

c.☐ Il est plus facile de proposer une alimentation équilibrée.

d.☐ L'origine et la qualité des ingrédients sont connues.

e.☐ La préparation et le stockage des aliments est plus facile.

293 – À l'âge adulte, combien de dents le chien possède-t-il ? (1)

a.☐ Entre 38 et 44 dents selon les races.

b.☐ 38 dents.

c.☐ 40 dents.

d.☐ 42 dents.

e.☐ 44 dents.

294 – Quelles sont les affirmations correctes concernant la période de développement dite « de socialisation » ? (2)

a.☐ Elle s'étend de la troisième à la douzième semaine de vie du chiot.

b.☐ Elle s'étend de la deuxième à la huitième semaine de vie du chiot.

c.☐ C'est la période pendant laquelle le chiot est sevré au niveau alimentaire.

d.☐ Elle débute avec l'ouverture des oreilles.

295 – Quelles sont les affirmations correctes concernant la période durant laquelle la chienne accepte l'accouplement ? (2)

a.☐ C'est la période des chaleurs.

b.☐ C'est une période qui dure de 2 à 4 jours.

c.☐ C'est une période qui dure de 3 à 21 jours.

d.☐ C'est la période appelée dioestrus.

296 – Quelles sont les affirmations correctes concernant le transport d'animaux en voiture ? (2)

a.☐ Les plus petites espèces doivent toujours être placées en caisse de transport.

b.☐ Les plus grandes espèces doivent toujours être attachées avec un dispositif adapté à l'avant de la voiture.

c.☐ Des escales régulières doivent toujours être effectuées pour permettre aux animaux de se nourrir et de s'abreuver.

297 – Selon le code pénal, que risque un individu ayant volontairement porté atteinte à la vie d'un animal ? (1)

a.☐ 30 000€ d'amende.

b.☐ 2 ans de prison.

c.☐ 1500€ d'amende.

d.☐ 450€ d'amende.

298 – De combien d'os le crâne du chien est-il composé ? (1)

a.☐ 5 os.

b.☐ 7 os.

c.☐ 9 os.

d.☐ 11 os.

e.☐ 12 os.

299 – Quelle est l'affirmation correcte concernant l'accès aux transports en commun aux chiens catégorisés ? (1)

a.☐ Il est interdit pour tous les chiens catégorisés.

b.☐ Il est interdit pour les chiens de catégorie 1.

c.☐ Il est interdit pour les chiens de catégorie 2.

d.☐ Il est autorisé avec le port de la laisse et de la muselière pour tous les chiens catégorisés.

300 – Quelle est l'affirmation correcte concernant l'intoxication alimentaire chez le chien ? (1)

a.☐ Il faut faire vomir le chien.

b.☐ Il n'y a souvent aucun symptôme.

c.☐ Il faut garder le chien à jeun pendant 24 heures puis l'emmener chez le vétérinaire.

d.☐ Il faut contacter le centre antipoison si possible.

301 – Combien d'animaux un établissement « à faible effectif » peut-il héberger ? (1)

a.☐ 9 chiens et 9 chats maximum dont 3 reproductrices maximum.

b.☐ 9 chiens ou 9 chats maximum dont 3 reproductrices maximum.

c.☐ 10 chiens et 10 chats maximum dont 3 reproductrices maximum.

d.☐ 10 chiens ou 10 chats maximum dont 3 reproductrices maximum.

e.☐ 9 chiens et 9 chats maximum dont 5 reproductrices maximum.

302 – Quelles sont les espèces concernées par l'identification I-CAD ? (3)

a.☐ Le chat.

b.☐ Le lapin nain.

c.☐ Le furet.

d.☐ Le chien.

e.☐ Le rat.

303 – Qu'est-ce que l'accolement ? (2)

a.☐ C'est une phase de l'accouplement chez le chien.

b.☐ Il peut durer jusqu'à 30 minutes.

c.☐ Il faut souvent aider les partenaires à se séparer pour éviter une fracture de l'os pénien.

304 – Quelles races de chiens possèdent un profil convexiligne ? (2)

a.☐ Le Husky.

b.☐ Le Bedlington Terrier.

c.☐ Le Bouledogue français.

d.☐ Le Bull Terrier.

e.☐ Le Berger Allemand.

305 – Quelles sont des sous-catégories du groupe 5 de races de chiens ? (2)

a.☐ Type primitif.

b.☐ Chiens de recherche au sang.

c.☐ Kromfohrländer.

d.☐ Spitz européens.

e.☐ Terriers de type bull.

306 – Quelles sont les affirmations correctes concernant l'eau ? (3)

a.☐ Elle fait partie de la nutrition.

b.☐ On ne la trouve que dans la boisson.

c.☐ Elle doit être proposée à volonté.

d.☐ Elle fait partie des sels minéraux.

e.☐ Elle favorise la dispersion des nutriments dans l'organisme.

307 – Dans le contexte d'une vente, que se passe-t-il si le vendeur se rétracte alors que l'acheteur a versé des arrhes ? (1)

a.☐ Le vendeur doit obligatoirement céder l'animal si des arrhes ont été versées.

b.☐ Le vendeur rembourse le montant des arrhes à l'acheteur.

c.☐ Le vendeur rembourse le double du montant des arrhes à l'acheteur.

308 – Quelles sont les affirmations correctes concernant la rage chez le chien ? (3)

a.☐ C'est une maladie virale.

b.☐ C'est un vice rédhibitoire.

c.☐ C'est une maladie très grave et toujours mortelle.

d.☐ Il n'existe pas de vaccin.

e.☐ Elle peut être transmise du chien à l'homme.

309 – Q42 – Quels comportements un chien se soumettant à un individu agressif peut-il montrer ? (3)

a.☐ Une échine basse.

b.☐ Les dents sont visibles.

c.☐ Des coussinets humides.

d.☐ Des oreilles hautes et droites.

e.☐ Une patte avant levée.

310 – Quelles sont les affirmations correctes concernant le stress chez le chat ? (2)

a.☐ Il peut être causé par le bruit.

b.☐ Il peut être évité en isolant l'animal le plus possible.

c.☐ Il influe sur leur sociabilité.

d.☐ Il doit être traité par des produits vétérinaires.

311 – Quelles sont les affirmations correctes concernant le nettoyage ? (3)

a.☐ Il doit toujours être effectué avant la désinfection.

b.☐ Il doit toujours être effectué après la désinfection.

c.☐ Il doit être effectué quotidiennement sur toutes les surfaces en contact avec les animaux.

d.☐ Il doit obligatoirement être effectué au moins une fois par semaine sur toutes les surfaces en contact avec les animaux.

e.☐ Il doit être effectué autant de fois que nécessaire.

312 – Que permet la sélection individuelle ? (1)

a.☐ La sélection d'un reproducteur selon les qualités de ses parents.

b.☐ La sélection d'un reproducteur selon ses propres qualités.

c.☐ La sélection d'un reproducteur selon les qualités de ses portées précédentes.

313 – À quel âge un chien devient-il adulte ? (2)

a.☐ Cela dépend des races.

b.☐ Cela dépend du développement du chiot.

c.☐ Cela peut varier de 8 à 28 mois selon les chiens.

d.☐ Vers 18 mois.

e.☐ Vers 12 mois.

314 – Par quelles méthodes peut-on déterminer le jour de l'ovulation chez la chienne ? (4)

a.☐ En tenant à jour un calendrier des chaleurs.

b.☐ En se basant sur l'âge de la chienne et la période de l'année.

c.☐ En se basant sur les changements comportementaux de la femelle.

d.☐ En se basant sur les changements physiques de la femelle.

e.☐ En effectuant une échographie ovarienne.

315 – Quels aliments sont à proscrire pour les chiens ? (3)

a.☐ La pomme de terre crue.

b.☐ Le riz cuit.

c.☐ Les fruits à pépins.

d.☐ Les carottes cuites.

e.☐ L'oignon cru.

316 – Dans quels cas la présence d'un convoyeur est-elle toujours requise durant un transport ? (2)

a.☐ La présence d'un convoyeur est toujours requise.

b.☐ La présence d'un convoyeur est seulement requise pour les transports de moins de 65 km.

c.☐ La présence d'un convoyeur est requise pour tout transport à titre commercial de longue durée.

d.☐ La présence d'un convoyeur est requise pour tout transport à titre commercial de courte durée.

e.☐ La présence d'un convoyeur est requise pour tout transport à titre commercial de courte durée, sauf si l'animal est transporté en cage et n'est pas manipulé.

317 – Quels sont des exemples d'oligo-éléments ? (2)

a.☐ Le zinc.

b.☐ Le potassium.

c.☐ Le phosphore.

d.☐ Le sélénium.

e.☐ Le sodium.

318 – Quelle est l'affirmation correcte concernant l'obtention d'un pédigrée pour un chien ? (1)

a.☐ Un examen de confirmation est toujours obligatoire.

b.☐ Il n'existe qu'un seul type d'inscription.

c.☐ L'organisme gérant les pédigrées pour les chiens est le LOOF.

319 – Quelles sont les affirmations correctes concernant les chiens catégorisés ? (2)

a.☐ Il existe 2 groupes de chiens catégorisés.

b.☐ Les chiens de catégorie 1 sont tous des chiens de race.

c.☐ Les chiens de catégorie 2 sont tous des chiens de race.

d.☐ Les chiens de race American Staffordshire Terrier sont des chiens de catégorie 1.

e.☐ Les chiens de race American Staffordshire Terrier sont des chiens de catégorie 2.

320 – Combien existe-t-il de vices rédhibitoires pour le chien ? (1)

a.☐ 4.

b.☐ 6.

c.☐ 8.

321 – Quelles sont les affirmations correctes concernant le registre des entrées et sorties ? (3)

a.☐ Il est obligatoire pour tous les établissements professionnels hébergeant des animaux.

b.☐ Il est seulement obligatoire pour les établissements professionnels hébergeant plus de 9 chats ou chiens sevrés.

c.☐ Il ne concerne que les carnivores domestiques.

d.☐ Il concerne toutes les espèces d'animaux.

e.☐ Il contient tous les détails concernant les animaux entrant et sortant de l'établissement.

322 – Selon l'OIE, combien existe-t-il de libertés fondamentales des animaux ? (1)

a.☐ 3.

b.☐ 4.

c.☐ 5.

d.☐ 6.

323 – Quelle est l'affirmation correcte concernant un chien perdu ? (1)

a.☐ Il doit forcément être pris en charge par la fourrière.

b.☐ S'il est pris en charge par la fourrière et non réclamé par ses maîtres, il est euthanasié.

c.☐ S'il est pris en charge par la fourrière et non réclamé par ses maîtres, il peut être cédé à un refuge.

324 – Quels sont des exemples de groupes de races canines ? (2)

a.☐ Les chiens d'agrément ou de compagnie.

b.☐ Les terriers.

c.☐ Les chiens de course.

d.☐ Les chiens de chasse.

325 – Quels sont des signes de complications pendant la mise bas chez la chienne ? (1)

a.☐ Une mise bas de plus de 30 heures chez une femelle primipare.

b.☐ Un délai de plus d'une heure entre deux expulsions.

c.☐ Il n'y a pas d'expulsion après 30 minutes d'efforts intenses.

326 – Quels éléments un éleveur doit-il prendre en compte afin d'effectuer un accouplement raisonné ? (4)

a.☐ Les vaccinations des reproducteurs.

b.☐ La taille des reproducteurs.

c.☐ Le tempérament des reproducteurs.

d.☐ L'ascendance (parents et grands-parents) des reproducteurs.

e.☐ Les maladies génétiques des reproducteurs.

327 – Quelles sont les affirmations qui définissent le terme « femelle reproductrice » ? (2)

a.☐ Une femelle étant en âge de se reproduire.

b.☐ Une femelle s'étant déjà reproduit.

c.☐ Une femelle ne s'étant pas déjà reproduit.

d.☐ Une femelle de plus de 8 ans.

e.☐ Une femelle à son premier cycle sexuel.

328 – Quelle est la température ambiante idéale un chien adulte ? (1)

a.☐ Entre 10 et 15 °C.

b.☐ Entre 15 et 20 °C.

c.☐ Entre 20 et 25 °C.

329 – Quelles maladies canines peuvent être évitées par la vaccination ? (4)

a.☐ La toux du chenil.

b.☐ L'hépatite de Rubarth.

c.☐ La piroplasmose.

d.☐ La dirofilariose.

e.☐ La maladie de Lyme.

330 – Combien de paires de chromosomes le chien possède-t-il ? (1)

a.☐ 19 paires.

b.☐ 39 paires.

c.☐ 49 paires.

331 – Quelles sont les normes obligatoires pour tout établissement professionnel hébergeant des animaux ? (3)

a.☐ Le registre des entrées et sorties.

b.☐ La visite sanitaire.

c.☐ La soumission aux auto-contrôles.

d.☐ Un dispositif de lutte contre les incendies.

e.☐ Des locaux aménagés spécialement pour les soins des animaux malades.

332 – Qui doit bénéficier de la formation Transport d'Animaux Vivants ? (2)

a.☐ Le transporteur, pour les voyages à titre commercial.

b.☐ Le conducteur du véhicule de transport, seulement s'il occupe également le rôle de convoyeur.

c.☐ Le conducteur du véhicule de transport.

d.☐ Le convoyeur.

e.☐ Toutes les personnes à bord du véhicule de transport.

333 – Quelle est l'affirmation correcte concernant la reproduction de la chienne en élevage ? (1)

a.☐ Elle est interdite avant ses 3 premières chaleurs.

b.☐ Elle est interdite à ses premières chaleurs.

c.☐ Elle est déconseillée à ses premières chaleurs.

334 – Qu'est-ce que des chiens brachycéphales ? (1)

a.☐ Ce sont des chiens à la tête courte et large.

b.☐ Ce sont des chiens à la tête bien proportionnée.

c.☐ Ce sont des chiens à la tête fine et très allongée.

335 – De combien d'os le squelette du chien est-il composé ? (2)

a.☐ Cela dépend de la race du chien.

b.☐ Environ 250.

c.☐ Environ 300.

d.☐ Environ 350.

336 – Quels sont des exemples de vitamines liposolubles ? (2)

a.☐ La vitamine B6.

b.☐ La vitamine C.

c.☐ La vitamine D.

d.☐ Le Zinc.

e.☐ La vitamine K.

337 – Quelles maladies ne sont pas des zoonoses ? (2)

a.☐ La parvovirose.

b.☐ La rage.

c.☐ La teigne.

d.☐ La pasteurellose.

e.☐ La leucopénie infectieuse.

338 – Quelle est l'affirmation correcte concernant la stérilisation des chiens catégorisés ? (1)

a.☐ Elle est obligatoire pour tous les chiens catégorisés.

b.☐ Elle est seulement obligatoire pour les chiens de catégorie 1.

c.☐ Elle est seulement obligatoire pour les chiens de catégorie 2.

d.☐ Elle n'est pas obligatoire.

339 – Quelle est l'affirmation correcte concernant les vices rédhibitoires canins ? (1)

a.☐ L'ectopie testiculaire concerne tous les chiens.

b.☐ L'ectopie testiculaire ne concerne que les chiens de plus de 4 mois.

c.☐ L'ectopie testiculaire ne concerne que les chiens de plus de 6 mois.

340 – Quelles sont les affirmations correctes concernant le retournement de l'estomac ? (2)

a.☐ Il faut garder le chien au calme et attendre que cela passe.

b.☐ Il est surtout fréquent chez les grandes races.

c.☐ Il est surtout fréquent après une activité physique trop intense.

d.☐ L'un des symptômes est le tympanisme.

341 – Dans un établissement professionnel, quelles sont les zones considérées comme « sensibles » ? (2)

a.☐ Les zones hébergeant des adultes sains.

b.☐ L'infirmerie.

c.☐ La maternité.

d.☐ La pension.

e.☐ La zone de quarantaine.

342 – Quels sont les animaux pouvant être concernés par la fourrière ? (2)

a.☐ Les animaux en attente d'adoption.

b.☐ Les animaux errants ou en divagation.

c.☐ Les animaux cédés par leur maître.

d.☐ Les animaux sujets à une décision de l'autorité judiciaire ou administrative.

343 – Quelles dents de lait sont les premières à apparaître chez le chien ? (1)

a.☐ Les incisives.

b.☐ Les canines.

c.☐ Les prémolaires.

d.☐ Les molaires.

344 – Quelles sont les affirmations correctes concernant la mise bas chez la chienne ? (3)

a.☐ Un écoulement vulvaire vert est normal.

b.☐ Un écoulement vulvaire ensanglanté et malodorant est anormal.

c.☐ L'intervalle entre deux naissances ne doit pas dépasser 4 heures.

d.☐ La chienne doit expulser autant de placentas que de chiots.

345 – De quel groupe de races canines les chiens dont la fonction étaient à l'origine de pointer le museau en direction du gibier pendant la chasse ? (1)

a.☐ Du groupe 3 : Terriers.

b.☐ Du groupe 7 : Chiens d'arrêt.

c.☐ Du groupe 8 – Chiens rapporteurs de gibier – Chiens leveurs de gibier – Chiens d'eau.

346 – Quand un animal est-il considéré comme apte au transport ? (4)

a.☐ Les animaux venant d'être stérilisés, si le transport ne cause pas de souffrance supplémentaire.

b.☐ Les femelles en début de gestation.

c.☐ Les petits de moins de 8 semaines, s'ils sont accompagnés de leur mère.

d.☐ Les femelles ayant mis bas 15 jours avant la date du transport.

e.☐ Les femelles devant mettre bas dans les 48 heures précédant la date du transport.

347 – Quelles sont les affirmations correctes concernant le fer ? (2)

a.☐ C'est un acide aminé.

b.☐ C'est un oligo-élément.

c.☐ Il aide au transport de l'oxygène dans le sang.

d.☐ Il doit être équilibré avec le calcium pour compléter son rôle dans l'organisme.

e.☐ On le retrouve principalement dans les végétaux.

348 – De quelle couleur les muqueuses d'un chien souffrant de troubles hépatiques peuvent-elles être ? (1)

a.☐ Rouges.

b.☐ Noires.

c.☐ Blanches.

d.☐ Jaunes.

e.☐ Bleues.

349 – Comment appelle-t-on le fait qu'un chiot se familiarise avec des espèces animales différentes de la sienne ? (1)

a.☐ La socialisation intra-spécifique.

b.☐ L'acquisition des autocontrôles.

c.☐ La socialisation inter-spécifique.

350 – Quel est le taux d'hygrométrie idéal pour le chien ? (1)

a.☐ 50 %.

b.☐ 65 %.

c.☐ 80 %.

351 – Dans un établissement professionnel, quelles sont les normes concernant la conception des locaux ? (3)

a.☐ Les surfaces doivent être dures et résistantes.

b.☐ Ils doivent permettre un accès facile aux animaux pour le personnel et le public.

c.☐ Ils peuvent être construits en bois.

d.☐ Les sols doivent être non glissants.

e.☐ Ils doivent faciliter le nettoyage.

352 – Que doit fournir le vendeur à l'acheteur lors de la cession d'un animal ? (3)

a.☐ Le carnet de santé de l'animal.

b.☐ La carte d'indentification de l'animal.

c.☐ Un certificat de connaissance et d'engagement que l'acquéreur doit signer.

d.☐ Le passeport de l'animal.

e.☐ Une attestation de cession.

353 – Un individu trouve un chiot dans la nature et décide de le garder. Que doit-il faire ? (1)

a.☐ Il doit d'abord l'amener à la fourrière pour vérifier si l'animal est identifié.

b.☐ L'adoptant doit faire identifier le chiot dès ses 4 mois.

c.☐ L'adoptant doit faire vacciner le chiot contre la rage comme son origine ne peut pas être vérifiée.

354 – Quel type d'inscription est un exemple d'inscription au LOF ? (1)

a.☐ Inscription au livre d'attente.

b.☐ Inscription sur les collatéraux.

c.☐ Inscription à titre individuel.

355 – Dans quelle période de son cycle sexuel une chienne dont la vulve est œdématiée, qui présente des pertes vulvaires ensanglantées et qui refuse le mâle se trouve-t-elle ? (1)

a.☐ En période d'oestrus.

b.☐ En période de pro-oestrus.

c.☐ En période de post-oestrus.

d.☐ En période de metoestrus.

356 – Quelles sont les affirmations correctes concernant la vaccination antirabique ? (2)

a.☐ Elle n'est pas toujours obligatoire pour le voyage à l'étranger.

b.☐ Elle peut être effectuée dès l'âge 12 semaines.

c.☐ Elle est seulement obligatoire pour les chiens et les chats.

d.☐ Elle est considérée comme valable immédiatement après la première injection.

e.☐ Elle est considérée comme valable uniquement 3 semaines après la première injection.

357 – Quels sont des exemples de mariages consanguins ? (2)

a.☐ L'out-breeding.

b.☐ Le line-breeding.

c.☐ La retrempe.

d.☐ Le in-breeding.

e.☐ Le croisement.

358 – Quelles sont les affirmations correctes concernant l'obtention d'un permis de détention d'un chien catégorisé ? (3)

a.☐ Les personnes mineures peuvent l'obtenir pour les chiens de catégorie 2, mais pas pour les chiens de catégorie 1.

b.☐ Pour l'obtenir, les maîtres doivent passer une formation auprès d'un éducateur canin.

c.☐ Il est délivré par un vétérinaire.

d.☐ Posséder un chien catégorisé sans permis de détention peut engendrer une amende de 750 €.

e.☐ La présentation de ce permis est obligatoire sur demande des forces de l'ordre.

359 – Quel est le bon réflexe à avoir avec un chien s'étant fracturé une patte ? (1)

a.☐ Poser un garrot si c'est une fracture ouverte.

b.☐ Poser une attelle.

c.☐ Appliquer une compresse froide jusqu'à l'intervention du vétérinaire.

360 – De quel groupe de races canines les chiens rapporteurs de gibier sont-ils issus ? (1)

a.☐ Du groupe 10.

b.☐ Du groupe 3.

c.☐ Du groupe 5.

d.☐ Du groupe 8.

361 – Quelles sont les affirmations correctes concernant le règlement sanitaire ? (3)

a.☐ Il est seulement obligatoire pour les établissements de plus de 9 chiens de plus de 4 mois.

b.☐ Il doit être validé par la DDCSPP.

c.☐ Il comprend les règles d'hygiène pour le personnel d'un établissement.

d.☐ Il comprend le plan de nettoyage.

e.☐ Il doit toujours être révisé 1 à 2 fois par an selon les établissements.

362 – Quels sont des exemples de vitamines hydrosolubles ? (2)

a.☐ La vitamine C.

b.☐ La vitamine B12.

c.☐ La vitamine A.

d.☐ Le manganèse.

e.☐ La vitamine K.

363 – Quelle est l'affirmation correcte concernant la gestation chez la chienne ? (1)

a.☐ Sa durée peut être rallongée s'il s'agit d'une grosse portée.

b.☐ Pendant cette période, la chienne peut toujours accepter l'accouplement.

c.☐ Pendant cette période, la ration alimentaire de la chienne doit être augmentée.

364 – Comment appelle-t-on le fait qu'un chiot apprend les normes de communication de sa propre espèce ? (1)

a.☐ La socialisation intra-spécifique.

b.☐ L'acquisition des autocontrôles.

c.☐ La socialisation inter-spécifique.

365 – Quelles sont les affirmations correctes concernant le Berger Allemand ? (2)

a.☐ C'est un chien au profil concaviligne.

b.☐ C'est un lupoïde.

c.☐ C'est un chien de type médioligne.

d.☐ C'est un braccoïde.

e.☐ C'est un chien de type brachymorphe.

366 – Quels sont les délais à prendre en compte concernant les vices rédhibitoires ? (2)

a.☐ Le délai d'incubation.

b.☐ Le délai de suspicion.

c.☐ Le délai de rédhibition.

d.☐ Le délai d'intervention.

367 – Selon le code pénal, que risque un individu ayant involontairement porté atteinte à la vie d'un animal ? (1)

a.☐ 30 000€ d'amende.

b.☐ 2 ans de prison.

c.☐ 450€ d'amende.

d.☐ 750€ d'amende.

368 – Quelle est l'affirmation correcte concernant l'alimentation chez le chien ? (1)

a.☐ Un tiers de son alimentation doit être composé de protéines.

b.☐ La moitié de son alimentation doit être composé de protéines.

c.☐ Les trois quarts de son alimentation doit être composé de protéines.

369 – Quels vices rédhibitoires canins ne possèdent pas de délai de suspicion ? (2)

a.☐ La parvovirose.

b.☐ L'atrophie rétinienne.

c.☐ Le FIV.

d.☐ La dysplasie de la hanche.

e.☐ La maladie de Carré.

370 – Quels sont les bons réflexes à avoir avec un chien s'étant brûlé ? (2)

a.☐ Immédiatement recouvrir la plaie pour éviter que le chien ne se lèche.

b.☐ Immédiatement nettoyer la plaie avec un désinfectant.

c.☐ Immédiatement passer la plaie sous l'eau froide.

d.☐ Poser un bandage sec sur la plaie.

e.☐ Poser un bandage mouillé de sérum physiologique sur la plaie.

371 – Quels établissements professionnels doivent être classés en tant que ICPE ? (3)

a.☐ Établissements hébergeant plus de 10 chats de plus de 7 mois.

b.☐ Établissements hébergeant plus de 10 chiens de plus de 7 mois.

c.☐ Établissements hébergeant plus de 9 chiens de plus de 4 mois.

d.☐ Établissements hébergeant plus de 9 chats de plus de 4 mois.

e.☐ Établissements hébergeant plus de 50 chiens de plus de 4 mois.

372 – Quelles sont les normes concernant les véhicules et les conteneurs de transport commercial ? (3)

a.☐ Les surfaces en contact avec les animaux doivent être nettoyées et désinfectées toutes les semaines.

b.☐ Les conteneurs doivent être entièrement démontables.

c.☐ Les véhicules doivent présenter un seul niveau de chargement maximum.

d.☐ Les transporteurs doivent utiliser leur propre matériel uniquement.

e.☐ Les conteneurs doivent permettre aux animaux de se tenir debout sans toucher le plafond.

373 – Qu'est-ce qu'un chien dit « grignard » ? (2)

a.☐ Il présente un prognathisme inférieur.

b.☐ Il présente un prognathisme supérieur.

c.☐ Sa mâchoire inférieure est plus longue que celle du dessus.

d.☐ Sa mâchoire supérieure est plus longue que celle du dessous.

374 – Quelles sont les affirmations correctes concernant l'éclampsie ? (2)

a.☐ C'est une chute brutale de calcium dans le sang.

b.☐ C'est une chute brutale de vitamine C.

c.☐ Elle est commune chez les chiennes en lactation, surtout pour les grosses portées.

d.☐ Elle est commune chez les nouveau-nés, surtout pour les grosses portées.

e.☐ Elle ne peut survenir que quelques heures après la naissance.

375 – Que risque un individu tentant de vendre un chien catégorisé ? (2)

a.☐ 15 000 € d'amende pour un chien de catégorie 1.

b.☐ 6 mois de prison pour un chien de catégorie 2.

c.☐ On ne risque rien pour un chien de catégorie 2.

d.☐ On ne risque rien si le chien est un Pitbull.

e.☐ 3 500 € d'amende pour un chien de catégorie 1.

376 – Quelles sont les affirmations correctes concernant le calcium et le phosphore ? (2)

a.☐ Ce sont des oligo-éléments.

b.☐ Ce sont des sels minéraux.

c.☐ Le rapport phosphocalcique (Ca/P) doit se situer entre 1 et 2.

d.☐ Le rapport phosphocalcique (Ca/P) doit se situer entre 0.5 et 1.

e.☐ Ce sont des éléments essentiels pour les carnivores domestiques seulement.

377 – Dans quels cas les propriétaires d'un animal sont-ils tenus de mettre à jour les données d'identification de leur animal ? (2)

a.☐ Dans le cas du décès de l'animal.

b.☐ À chaque vaccination.

c.☐ Dans le cas d'un déménagement.

d.☐ Si l'animal est une femelle qui a mis bas.

e.☐ Si l'animal obtient un pédigrée.

378 – À quel groupe les Bouviers Suisses appartiennent-ils ? (1)

a.☐ Au groupe 1.

b.☐ Au groupe 2.

c.☐ Au groupe 4.

d.☐ Au groupe 7.

379 – Quels sont des signes d'une mise bas imminente chez la chienne ? (1)

a.☐ La chienne cherche à s'isoler.

b.☐ Une baisse de la température corporelle d'environ 5 °C.

c.☐ Une hausse de l'appétit.

380 – Quel est le délai de suspicion pour la maladie de Carré ? (1)

a.☐ 5 jours.

b.☐ 6 jours.

c.☐ 8 jours.

381 – Quelles sont les affirmations correctes concernant un élevage de moins de 10 chats ? (2)

a.☐ C'est un établissement qui ne doit pas être déclaré en tant que ICPE.

b.☐ Ce n'est pas un établissement à faible effectif.

c.☐ Il doit se soumettre aux règles de bon voisinage.

d.☐ Il doit se trouver à + de 100 mètres d'une zone de loisirs.

e.☐ C'est un établissement soumis à autorisation.

382 – Quelles sont les affirmations correctes concernant un animal en cage de transport ? (2)

a.☐ Il doit toujours avoir de la nourriture et de l'eau à disposition.

b.☐ Il doit être maintenu en position allongée pour éviter qu'il ne se blesse.

c.☐ Il doit pouvoir se tenir debout sans que sa tête ne touche le haut de la cage.

d.☐ Il doit pouvoir se retourner facilement.

e.☐ Il doit être placé à l'avant du véhicule.

383 – Quand un chiot est-il entièrement sevré au niveau affectif ? (2)

a.☐ En même temps que le sevrage alimentaire.

b.☐ Après le sevrage alimentaire.

c.☐ Pendant la période de sociabilisation.

d.☐ Après la période de sociabilisation.

384 – De quels éléments le museau du chien est-il composé ? (3)

a.☐ Les patons.

b.☐ Le stop.

c.☐ Le pinch.

d.☐ La truffe.

e.☐ Le chanfrein.

385 – Quelle est l'affirmation correcte concernant la reproduction de la chienne en élevage ? (1)

a.☐ Elle n'est pas limitée pour la chienne tant qu'elle est en bonne santé.

b.☐ Elle est déconseillée pour les animaux de plus de 4 ans.

c.☐ Elle est limitée à 3 portées tous les 2 ans.

386– Quelles sont les affirmations correctes concernant la vitamine B12 ? (2)

a.☐ C'est une vitamine hydrosoluble.

b.☐ C'est une vitamine liposoluble.

c.☐ Elle est toxique à haute dose.

d.☐ On la retrouve dans les fruits et les légumes.

e.☐ On la retrouve dans la viande et le poisson.

387 – Qu'est-ce qu'une épizootie ? (1)

a.☐ C'est une maladie transmissible de l'animal à l'homme.

b.☐ C'est une maladie animale transmissible au sein d'une même espèce.

c.☐ C'est un agent biologique pathogène.

d.☐ C'est une maladie frappant simultanément un grand nombre d'animaux de la même espèce ou d'espèces différentes.

388 – En combien de groupes la FCI classifie-t-elle les races de chiens ? (1)

a.☐ En 9 groupes.

b.☐ En 10 groupes.

c.☐ En 11 groupes.

d.☐ En 12 groupes.

389 – Quelle est l'affirmation correcte concernant le lévrier ? (1)

a.☐ C'est un chien de type longiligne.

b.☐ C'est un lupoïde.

c.☐ C'est un chien mésocéphale.

390 – Quand un chien seul n'est-il pas considéré comme en divagation lorsqu'il se trouve à plus de 100 m de son maître ? (1)

a.☐ Pendant une action de chasse.

b.☐ Pendant une action de garde de troupeau.

c.☐ Pendant une promenade en milieu rural.

391 – Quelles sont les normes auxquelles les établissements professionnels hébergeant plus de 9 chiens ou chats doivent toujours se soumettre ? (4)

a.☐ Conteneur étanche pour le stockage de cadavres.

b.☐ Soumission aux auto-contrôles.

c.☐ Dispositif de lutte contre les incendies.

d.☐ Visite sanitaire deux fois par an au minimum.

e.☐ Locaux conformes aux règles sanitaires et de protection animale

392 – Quelles sont les affirmations correctes concernant la vitamine E ? (2)

a.☐ C'est une vitamine hydrosoluble.

b.☐ C'est une vitamine liposoluble.

c.☐ On la retrouve dans les légumes verts.

d.☐ C'est un anti-oxydant.

e.☐ Elle aide à l'absorption du calcium et du phosphore.

393 – Quelles sont les affirmations correctes concernant la stérilisation du chien mâle ? (2)

a.☐ La castration chimique et la castration chirurgicale sont possibles.

b.☐ Elle est effectuée de préférence à l'âge adulte, lorsque le chien a terminé sa croissance.

c.☐ La castration chirurgicale diminue les risques de maladies de la prostate.

394 – Vers quel âge les canines définitives du chien apparaissent-elles ? (1)

a.☐ Vers 3 à 4 semaines.

b.☐ Vers 3 mois.

c.☐ Vers 5 mois.

395 – Quelle est l'affirmation correcte concernant le Rottweiler ? (1)

a.☐ S'il est LOF confirmé, c'est un chien de catégorie 2.

b.☐ S'il n'est pas LOF confirmé, c'est un chien de catégorie 1.

c.☐ S'il n'est pas LOF confirmé, ce n'est pas un chien catégorisé.

396 – Quelles sont les affirmations correctes concernant le transport par avion ? (3)

a.☐ Les normes IATA s'appliquent.

b.☐ Les animaux doivent être identifiés, soit par tatouage, soit par puce électronique.

c.☐ Les animaux de moins de 12 semaines peuvent voyager.

d.☐ Chaque animal doit avoir un passeport.

e.☐ La vaccination antirabique est obligatoire pour les carnivores domestiques.

397 – Dans quel cas un certificat sanitaire est-il obligatoire pour la vente d'un animal ? (1)

a.☐ Un certificat sanitaire est toujours obligatoire.

b.☐ Il est seulement obligatoire pour les sessions à titre onéreux.

c.☐ Il est seulement obligatoire pour les sessions d'animaux importés d'un autre pays.

398 – Quels troubles du comportement du chien adulte peut être la conséquence d'un mauvais sevrage ? (2)

a.☐ Des peurs excessives face aux éléments du quotidien.

b.☐ Une grande intolérance envers les humains.

c.☐ Des difficultés à gérer le fait de rester seul.

d.☐ Un syndrome d'anxiété de séparation.

399 – Quelle est l'affirmation correcte concernant la stérilisation des chiennes ? (1)

a.☐ Elle est surtout effectuée pour éliminer des comportements sexuels gênants.

b.☐ La stérilisation chimique diminue le risque de tumeurs mammaires.

c.☐ La stérilisation chirurgicale s'effectue le plus souvent par ovario-hystérectomie.

d.☐ Elle s'effectue souvent avant l'âge de la puberté.

400 – Quel est le morphotype du Brachet ? (1)

a.☐ Molossoïde.

b.☐ Braccoïde.

c.☐ Lupoïde.

d.☐ Graïoïde.

LES SOLUTIONS

LES SOLUTIONS
PAGES 12 À 21

PAGE	12	13	14	15	16	17	18	19	20	21
QUESTION	1	6	11	16	21	26	31	36	41	46
a				x					x	x
b	x	x	x		x	x			x	
c		x	x	x			x			x
d				x				x		x
e	x									
QUESTION	2	7	12	17	22	27	32	37	42	47
a			x		x	x		x		
b		x	x					x	x	x
c	x	x		x			x			
d			x		x	x		x	x	x
e					x		x			
QUESTION	3	8	13	18	23	28	33	38	43	48
a				x		x	x	x	x	
b	x									
c				x	x				x	
d			x	x				x		x
e		x			x	x	x	x	x	x
QUESTION	4	9	14	19	24	29	34	39	44	49
a		x						x		
b				x	x		x		x	
c	x		x						x	
d					x				x	
e						x				x
QUESTION	5	10	15	20	25	30	35	40	45	50
a		x			x				x	x
b			x	x				x		
c	x					x	x			
d	x				x		x		x	x
e		x		x					x	x

LES SOLUTIONS
PAGES 22 À 31

PAGE	22	23	24	25	26	27	28	29	30	31
QUESTION	51	56	61	66	71	76	81	86	91	96
a	X	X	X		X					X
b						X		X	X	
c	X							X		X
d	X	X		X		X	X			X
e	X					X	X			
QUESTION	52	57	62	67	72	77	82	87	92	97
a			X			X		X		
b	X		X	X		X	X		X	X
c		X	X				X	X	X	
d	X				X		X	X		
e	X		X							
QUESTION	53	58	63	68	73	78	83	88	93	98
a					X		X	X		X
b	X		X	X	X	X		X	X	
c		X				X				
d			X		X		X			
e		X		X	X	X				X
QUESTION	54	59	64	69	74	79	84	89	94	99
a									X	
b					X					X
c		X		X		X	X	X		X
d	X		X		X		X	X		
e					X	X		X	X	
QUESTION	55	60	65	70	75	80	85	90	95	100
a	X		X				X		X	X
b	X			X		X		X		
c					X		X			
d	X	X				X	X	X		X
e		X	X							

LES SOLUTIONS
PAGES 32 À 41

PAGE	32	33	34	35	36	37	38	39	40	41
QUESTION	101	106	111	116	121	126	131	136	141	146
a		x				x				
b	x	x	x	x	x		x	x	x	x
c				x			x			x
d										
e		x		x	x		x			x
QUESTION	102	107	112	117	122	127	132	137	142	147
a	x	x	x			x	x	x		
b			x	x		x		x	x	
c	x	x	x	x	x	x		x		x
d						x	x	x		
e									x	x
QUESTION	103	108	113	118	123	128	133	138	143	148
a	x		x					x		
b				x	x		x	x	x	
c		x		x	x	x			x	
d	x		x			x				x
e	x				x					x
QUESTION	104	109	114	119	124	129	134	139	144	149
a	x	x		x			x		x	
b								x		x
c	x		x		x					
d		x		x		x		x		
e						x				
QUESTION	105	110	115	120	125	130	135	140	145	150
a										
b		x	x	x		x		x		
c			x		x			x	x	x
d	x					x	x			
e	x	x				x		x		

LES SOLUTIONS
PAGES 42 À 51

PAGE	42	43	44	45	46	47	48	49	50	51
QUESTION	151	156	161	166	171	176	181	186	191	196
a	X								X	
b		X				X	X			
c	X		X	X	X	X		X		X
d			X						X	
e			X							X
QUESTION	152	157	162	167	172	177	182	187	192	197
a	X							X	X	
b		X		X		X	X			X
c		X	X	X	X	X			X	X
d								X		
e		X				X	X	X		
QUESTION	153	158	163	168	173	178	183	188	193	198
a	X						X		X	X
b				X						
c		X	X		X		X	X		
d				X	X	X				
e										
QUESTION	154	159	164	169	174	179	184	189	194	199
a		X	X	X					X	
b	X	X			X	X	X			X
c	X		X		X	X	X		X	X
d		X								
e			X					X		
QUESTION	155	160	165	170	175	180	185	190	195	200
a		X	X	X			X		X	
b						X			X	
c		X	X	X					X	X
d	X	X		X					X	X
e						X	X			

LES SOLUTIONS
PAGES 52 À 61

PAGE	52	53	54	55	56	57	58	59	60	61
QUESTION	201	206	211	216	221	226	231	236	241	246
a		X				X	X		X	
b	X			X	X			X		
c		X		X			X		X	X
d			X	X	X		X			X
e			X						X	X
QUESTION	202	207	212	217	222	227	232	237	242	247
a	X							X		
b						X	X	X	X	
c	X		X		X	X				
d		X					X	X		
e				X		X			X	X
QUESTION	203	208	213	218	223	228	233	238	243	248
a				X	X			X	X	X
b			X		X		X			
c	X	X			X	X	X			
d			X	X				X	X	
e			X			X		X		
QUESTION	204	209	214	219	224	229	234	239	244	249
a	X									
b		X	X			X	X	X		X
c	X			X	X		X		X	
d	X			X						X
e				X						
QUESTION	205	210	215	220	225	230	235	240	245	250
a			X		X		X	X	X	
b		X		X		X				X
c	X		X				X	X	X	
d					X	X	X			X
e		X		X		X			X	

PAGE	62	63	64	65	66	67	68	69	70	71
QUESTION	251	256	261	266	271	276	281	286	291	296
a	X		X	X	X	X	X			X
b		X						X	X	
c	X		X					X		X
d	X					X	X			
e				X	X				X	
QUESTION	252	257	262	267	272	277	282	287	292	297
a	X		X				X			
b		X	X	X	X	X	X	X	X	
c						X				X
d	X			X	X				X	
e		X	X		X					
QUESTION	253	258	263	268	273	278	283	288	293	298
a		X	X		X					
b						X	X	X		
c	X									X
d									X	
e				X						
QUESTION	254	259	264	269	274	279	284	289	294	299
a								X	X	
b		X		X			X			X
c	X		X	X	X	X			X	
d	X	X		X			X			
e									X	
QUESTION	255	260	265	270	275	280	285	290	295	300
a		X							X	
b			X	X						
c	X	X	X		X	X	X	X	X	
d		X				X	X			X
e										

PAGE	72	73	74	75	76	77	78	79	80	81
QUESTION	301	306	311	316	321	326	331	336	341	346
a		X	X		X		X			X
b	X					X	X			X
c		X	X	X	X	X		X	X	X
d						X			X	X
e		X	X	X	X	X	X	X		
QUESTION	302	307	312	317	322	327	332	337	342	347
a	X			X		X		X		
b			X			X	X		X	X
c	X	X			X					X
d	X						X		X	
e				X				X		
QUESTION	303	308	313	318	323	328	333	338	343	348
a	X	X	X	X						
b	X					X	X	X	X	
c		X	X		X					
d										X
e		X								
QUESTION	304	309	314	319	324	329	334	339	344	349
a		X	X	X	X	X	X		X	
b	X				X	X			X	
c		X	X			X		X		X
d	X		X						X	
e		X	X	X		X				
QUESTION	305	310	315	320	325	330	335	340	345	350
a	X	X	X				X			
b				X		X		X	X	X
c		X	X		X		X			
d	X							X		
e			X							

PAGE	82	83	84	85	86	87	88	89	90	91
QUESTION	351	356	361	366	371	376	381	386	391	396
a	x						x	x		x
b		x		x	x	x			x	
c			x	x	x	x	x		x	
d	x		x						x	x
e	x	x	x		x			x	x	x
QUESTION	352	357	362	367	372	377	382	387	392	397
a			x			x				
b	x	x	x		x				x	
c	x			x		x	x			x
d		x			x		x	x	x	
e	x				x					
QUESTION	353	358	363	368	373	378	383	388	393	398
a				x	x				x	
b	x	x				x	x	x		
c			x		x				x	x
d		x					x			x
e		x								
QUESTION	354	359	364	369	374	379	384	389	394	399
a	x		x		x	x		x		
b		x		x			x			
c					x				x	
d				x			x			x
e							x			
QUESTION	355	360	365	370	375	380	385	390	395	400
a					x				x	
b	x		x							x
c			x	x	x	x	x	x		
d		x								
e				x						

LES GRILLES
DE RÉPONSES VIERGES

À REMPLIR, SCANNER, PHOTOGRAPHIER OU DÉTACHER

RAPPEL DES CONDITIONS DE RÉUSSITE

SI VOUS AVEZ CHOISI UNE CATÉGORIE :

NOMBRE DE QUESTIONS	30 questions
CONDITIONS DE RÉUSSITE	60 % de bonnes réponses (Soit 18 bonnes réponses)
TEMPS IMPARTI	1 minute par question (Soit 30 minutes au total)

SI VOUS AVEZ CHOISI DEUX CATÉGORIES :

NOMBRE DE QUESTIONS	45 questions (22 questions de la catégorie 1 + 23 questions de la catégorie 2)
CONDITIONS DE RÉUSSITE	60 % de bonnes réponses sur la totalité des questions + 45 % de bonnes réponses pour chaque catégorie (Soit 27 bonnes réponses + 10 bonnes réponses par catégorie)
TEMPS IMPARTI	1 minute par question (Soit 45 minutes au total)

SI VOUS AVEZ CHOISI TROIS CATÉGORIES :

NOMBRE DE QUESTIONS	60 questions (20 questions par catégorie)
CONDITIONS DE RÉUSSITE	60 % de bonnes réponses sur la totalité des questions + 45 % de bonnes réponses pour chaque catégorie (Soit 36 bonnes réponses + 9 bonnes réponses par catégorie)
TEMPS IMPARTI	1 minute par question (Soit 60 minutes au total)

RÉSULTAT FINAL		NOTES
Score total :	.../...	
Sur cat. 1 :	.../...	
Sur cat. 2 :	.../...	
Sur cat. 3 :	.../...	
Temps :	...min	
CE TEST EST :	RÉUSSI ÉCHOUÉ	

CAT.	NUM. PAGE	NUM. QUES.	RÉPONSES					RÉSULT.	NOTES
			a	b	c	d	e		
			a	b	c	d	e		
			a	b	c	d	e		
			a	b	c	d	e		
			a	b	c	d	e		
			a	b	c	d	e		
			a	b	c	d	e		
			a	b	c	d	e		
			a	b	c	d	e		
			a	b	c	d	e		
			a	b	c	d	e		
			a	b	c	d	e		
			a	b	c	d	e		
			a	b	c	d	e		
			a	b	c	d	e		
			a	b	c	d	e		
			a	b	c	d	e		
			a	b	c	d	e		
			a	b	c	d	e		
			a	b	c	d	e		
			a	b	c	d	e		
			a	b	c	d	e		
			a	b	c	d	e		
			a	b	c	d	e		
			a	b	c	d	e		
			a	b	c	d	e		
			a	b	c	d	e		
			a	b	c	d	e		
			a	b	c	d	e		
			a	b	c	d	e		

RÉSULTAT FINAL		NOTES
Score total :	…/…	
Sur cat. 1 :	…/…	
Sur cat. 2 :	…/…	
Sur cat. 3 :	…/…	
Temps :	…min	
CE TEST EST :	RÉUSSI | ÉCHOUÉ	

CAT.	NUM. PAGE	NUM. QUES.	RÉPONSES					RÉSULT.	NOTES
			a	b	c	d	e		
			a	b	c	d	e		
			a	b	c	d	e		
			a	b	c	d	e		
			a	b	c	d	e		
			a	b	c	d	e		
			a	b	c	d	e		
			a	b	c	d	e		
			a	b	c	d	e		
			a	b	c	d	e		
			a	b	c	d	e		
			a	b	c	d	e		
			a	b	c	d	e		
			a	b	c	d	e		
			a	b	c	d	e		
			a	b	c	d	e		
			a	b	c	d	e		
			a	b	c	d	e		
			a	b	c	d	e		
			a	b	c	d	e		
			a	b	c	d	e		
			a	b	c	d	e		
			a	b	c	d	e		
			a	b	c	d	e		
			a	b	c	d	e		
			a	b	c	d	e		
			a	b	c	d	e		
			a	b	c	d	e		
			a	b	c	d	e		
			a	b	c	d	e		
			a	b	c	d	e		

RÉSULTAT FINAL		NOTES
Score total :	…/…	
Sur cat. 1 :	…/…	
Sur cat. 2 :	…/…	
Sur cat. 3 :	…/…	
Temps :	…min	
CE TEST EST :	RÉUSSI | ÉCHOUÉ	

CAT.	NUM. PAGE	NUM. QUES.	RÉPONSES					RÉSULT.	NOTES
			a	b	c	d	e		
			a	b	c	d	e		
			a	b	c	d	e		
			a	b	c	d	e		
			a	b	c	d	e		
			a	b	c	d	e		
			a	b	c	d	e		
			a	b	c	d	e		
			a	b	c	d	e		
			a	b	c	d	e		
			a	b	c	d	e		
			a	b	c	d	e		
			a	b	c	d	e		
			a	b	c	d	e		
			a	b	c	d	e		
			a	b	c	d	e		
			a	b	c	d	e		
			a	b	c	d	e		
			a	b	c	d	e		
			a	b	c	d	e		
			a	b	c	d	e		
			a	b	c	d	e		
			a	b	c	d	e		
			a	b	c	d	e		
			a	b	c	d	e		
			a	b	c	d	e		
			a	b	c	d	e		
			a	b	c	d	e		
			a	b	c	d	e		
			a	b	c	d	e		

RÉSULTAT FINAL		NOTES
Score total :	.../...	
Sur cat. 1 :	.../...	
Sur cat. 2 :	.../...	
Sur cat. 3 :	.../...	
Temps :	...min	
CE TEST EST :	RÉUSSI ÉCHOUÉ	

CAT.	NUM. PAGE	NUM. QUES.	RÉPONSES					RÉSULT.	NOTES
			a	b	c	d	e		
			a	b	c	d	e		
			a	b	c	d	e		
			a	b	c	d	e		
			a	b	c	d	e		
			a	b	c	d	e		
			a	b	c	d	e		
			a	b	c	d	e		
			a	b	c	d	e		
			a	b	c	d	e		
			a	b	c	d	e		
			a	b	c	d	e		
			a	b	c	d	e		
			a	b	c	d	e		
			a	b	c	d	e		
			a	b	c	d	e		
			a	b	c	d	e		
			a	b	c	d	e		
			a	b	c	d	e		
			a	b	c	d	e		
			a	b	c	d	e		
			a	b	c	d	e		
			a	b	c	d	e		
			a	b	c	d	e		
			a	b	c	d	e		
			a	b	c	d	e		
			a	b	c	d	e		
			a	b	c	d	e		
			a	b	c	d	e		
			a	b	c	d	e		
			a	b	c	d	e		
			a	b	c	d	e		

RÉSULTAT FINAL		NOTES
Score total :	.../...	
Sur cat. 1 :	.../...	
Sur cat. 2 :	.../...	
Sur cat. 3 :	.../...	
Temps :	...min	
CE TEST EST :	RÉUSSI ÉCHOUÉ	

CAT.	NUM. PAGE	NUM. QUES.	RÉPONSES					RÉSULT.	NOTES
			a	b	c	d	e		
			a	b	c	d	e		
			a	b	c	d	e		
			a	b	c	d	e		
			a	b	c	d	e		
			a	b	c	d	e		
			a	b	c	d	e		
			a	b	c	d	e		
			a	b	c	d	e		
			a	b	c	d	e		
			a	b	c	d	e		
			a	b	c	d	e		
			a	b	c	d	e		
			a	b	c	d	e		
			a	b	c	d	e		
			a	b	c	d	e		
			a	b	c	d	e		
			a	b	c	d	e		
			a	b	c	d	e		
			a	b	c	d	e		
			a	b	c	d	e		
			a	b	c	d	e		
			a	b	c	d	e		
			a	b	c	d	e		
			a	b	c	d	e		
			a	b	c	d	e		
			a	b	c	d	e		
			a	b	c	d	e		
			a	b	c	d	e		

RÉSULTAT FINAL		NOTES
Score total :	…/…	
Sur cat. 1 :	…/…	
Sur cat. 2 :	…/…	
Sur cat. 3 :	…/…	
Temps :	…min	
CE TEST EST :	RÉUSSI | ÉCHOUÉ	

CAT.	NUM. PAGE	NUM. QUES.	RÉPONSES					RÉSULT.	NOTES
			a	b	c	d	e		
			a	b	c	d	e		
			a	b	c	d	e		
			a	b	c	d	e		
			a	b	c	d	e		
			a	b	c	d	e		
			a	b	c	d	e		
			a	b	c	d	e		
			a	b	c	d	e		
			a	b	c	d	e		
			a	b	c	d	e		
			a	b	c	d	e		
			a	b	c	d	e		
			a	b	c	d	e		
			a	b	c	d	e		
			a	b	c	d	e		
			a	b	c	d	e		
			a	b	c	d	e		
			a	b	c	d	e		
			a	b	c	d	e		
			a	b	c	d	e		
			a	b	c	d	e		
			a	b	c	d	e		
			a	b	c	d	e		
			a	b	c	d	e		
			a	b	c	d	e		
			a	b	c	d	e		
			a	b	c	d	e		

RÉSULTAT FINAL		NOTES
Score total :	.../...	
Sur cat. 1 :	.../...	
Sur cat. 2 :	.../...	
Sur cat. 3 :	.../...	
Temps :	...min	
CE TEST EST :	RÉUSSI | ÉCHOUÉ	

CAT.	NUM. PAGE	NUM. QUES.	RÉPONSES					RÉSULT.	NOTES
			a	b	c	d	e		
			a	b	c	d	e		
			a	b	c	d	e		
			a	b	c	d	e		
			a	b	c	d	e		
			a	b	c	d	e		
			a	b	c	d	e		
			a	b	c	d	e		
			a	b	c	d	e		
			a	b	c	d	e		
			a	b	c	d	e		
			a	b	c	d	e		
			a	b	c	d	e		
			a	b	c	d	e		
			a	b	c	d	e		
			a	b	c	d	e		
			a	b	c	d	e		
			a	b	c	d	e		
			a	b	c	d	e		
			a	b	c	d	e		
			a	b	c	d	e		
			a	b	c	d	e		
			a	b	c	d	e		
			a	b	c	d	e		
			a	b	c	d	e		
			a	b	c	d	e		
			a	b	c	d	e		
			a	b	c	d	e		
			a	b	c	d	e		

RÉSULTAT FINAL		NOTES
Score total :	.../...	
Sur cat. 1 :	.../...	
Sur cat. 2 :	.../...	
Sur cat. 3 :	.../...	
Temps :	...min	
CE TEST EST :	RÉUSSI | ÉCHOUÉ	

CAT.	NUM. PAGE	NUM. QUES.	RÉPONSES					RÉSULT.	NOTES
			a	b	c	d	e		
			a	b	c	d	e		
			a	b	c	d	e		
			a	b	c	d	e		
			a	b	c	d	e		
			a	b	c	d	e		
			a	b	c	d	e		
			a	b	c	d	e		
			a	b	c	d	e		
			a	b	c	d	e		
			a	b	c	d	e		
			a	b	c	d	e		
			a	b	c	d	e		
			a	b	c	d	e		
			a	b	c	d	e		
			a	b	c	d	e		
			a	b	c	d	e		
			a	b	c	d	e		
			a	b	c	d	e		
			a	b	c	d	e		
			a	b	c	d	e		
			a	b	c	d	e		
			a	b	c	d	e		
			a	b	c	d	e		
			a	b	c	d	e		
			a	b	c	d	e		
			a	b	c	d	e		
			a	b	c	d	e		
			a	b	c	d	e		

RÉSULTAT FINAL		NOTES
Score total :	.../...	
Sur cat. 1 :	.../...	
Sur cat. 2 :	.../...	
Sur cat. 3 :	.../...	
Temps :	...min	
CE TEST EST :	RÉUSSI ÉCHOUÉ	

CAT.	NUM. PAGE	NUM. QUES.	RÉPONSES					RÉSULT.	NOTES
			a	b	c	d	e		
			a	b	c	d	e		
			a	b	c	d	e		
			a	b	c	d	e		
			a	b	c	d	e		
			a	b	c	d	e		
			a	b	c	d	e		
			a	b	c	d	e		
			a	b	c	d	e		
			a	b	c	d	e		
			a	b	c	d	e		
			a	b	c	d	e		
			a	b	c	d	e		
			a	b	c	d	e		
			a	b	c	d	e		
			a	b	c	d	e		
			a	b	c	d	e		
			a	b	c	d	e		
			a	b	c	d	e		
			a	b	c	d	e		
			a	b	c	d	e		
			a	b	c	d	e		
			a	b	c	d	e		
			a	b	c	d	e		
			a	b	c	d	e		
			a	b	c	d	e		
			a	b	c	d	e		
			a	b	c	d	e		
			a	b	c	d	e		

RÉSULTAT FINAL		NOTES
Score total :	.../...	
Sur cat. 1 :	.../...	
Sur cat. 2 :	.../...	
Sur cat. 3 :	.../...	
Temps :	...min	
CE TEST EST :	RÉUSSI ÉCHOUÉ	

CAT.	NUM. PAGE	NUM. QUES.	RÉPONSES					RÉSULT.	NOTES
			a	b	c	d	e		
			a	b	c	d	e		
			a	b	c	d	e		
			a	b	c	d	e		
			a	b	c	d	e		
			a	b	c	d	e		
			a	b	c	d	e		
			a	b	c	d	e		
			a	b	c	d	e		
			a	b	c	d	e		
			a	b	c	d	e		
			a	b	c	d	e		
			a	b	c	d	e		
			a	b	c	d	e		
			a	b	c	d	e		
			a	b	c	d	e		
			a	b	c	d	e		
			a	b	c	d	e		
			a	b	c	d	e		
			a	b	c	d	e		
			a	b	c	d	e		
			a	b	c	d	e		
			a	b	c	d	e		
			a	b	c	d	e		
			a	b	c	d	e		
			a	b	c	d	e		
			a	b	c	d	e		
			a	b	c	d	e		
			a	b	c	d	e		
			a	b	c	d	e		
			a	b	c	d	e		
			a	b	c	d	e		

RAPPEL

ACCÉDER AUX GRILLES DE RÉPONSES VIERGES ET AUX GRILLES DE SOLUTIONS EN FORMATS TABLEUR ET IMPRIMABLE

Les solutions aux questions ainsi que des grilles de réponses sont disponibles à la fin de ce livre.

Pour éviter de tourner sans arrêt les pages entre les questions, les solutions et les grilles de réponses, ces pages peuvent être détachées, photographiées ou scannées, ce qui n'est pas idéal et peut endommager le livre.

C'est pourquoi je vous propose des versions plus pratiques, en formats tableur (Excel, Google doc) ou PDF, que vous pouvez consulter ou éditer sur ordinateur ou imprimer.

Pour accéder à ces documents :
1. Envoyez un email à l'adresse suivante : **elisam.mi.moune@gmail.com**

2. Précisez dans votre email :
   a. **L'adresse email avec laquelle vous souhaitez recevoir les documents** (si elle est différente de l'adresse email depuis laquelle vous m'écrivez),

   b. **Une capture d'écran de votre preuve d'achat du guide** (les photos du livre ne constituent pas une preuve d'achat et ne sont donc pas acceptées).

Printed in France by Amazon
Brétigny-sur-Orge, FR

15051819R00067